Gemüsegarten

Bisher sind in dieser Reihe erschienen:

- Balkon- und Terrassengarten
- Kräutergarten
- Obstgarten
- Pflegeleichter Garten
- Rosengarten

Text: Helga Voit (S. 6–44, 46–68, 70–72), Peter Himmelhuber (S. 74–79)
Titelabbildungen: fotolia.com/Theresa Martinez (u.), Diego Medrano (o. 1. v. l.), fotolia.com/Andrew Kazmierski (o. 2. v. l.), pixelio.de/Torsten Mutz (o. 3. v. l.), fotolia.com/Herbie (U4)
Typografischer Entwurf: Bettina Weisl
Umschlaggestaltung: Bettina Weisl

ISBN 978-3-8174-6634-4
5166341

Planung und Gestaltung 5

Anlage und Vorarbeiten 11

Pflegearbeiten 31

Planung und Gestaltung

Gut geplant ist halb geerntet

Lange Zeit, bevor Ziersträucher, Laub- und Nadelgehölze sowie bunte Beet- und Schnittblumen die Gärten eroberten, hatten bereits diverse Gemüse-, Obst- und Kräuterarten ihren festen Platz darin. Man zog die Gemüsesorten, die nicht auf dem Feld angebaut wurden, in einem eingezäunten Garten in der näheren Umgebung des Hauses, um sie vor dem Verbiss von Wild- und Haustieren zu schützen. Diese ersten Gärten hatten ausschließlich den Zweck der Nahrungssicherung, Rosen und Lilien waren anfangs nur schmückendes Beiwerk im „verzierten Nutzgarten", der jahrhundertelang die typische Gartenform für Bürger- und Bauerngärten war. Heute besteht für einen Großteil der Bevölkerung nicht mehr die Notwendigkeit, ihren Nahrungsbedarf aus dem eigenen Garten zu decken.

Aber der Salat- oder Kohlkopf, die Gurke oder Tomate aus dem eigenen Gemüsegarten schmeckt doch irgendwie besonders gut. Außerdem wissen Sie bei diesem Gemüse garantiert, wie es gezogen und mit was es behandelt worden ist. Bis es so weit ist, dass Sie die Ernte aus Ihren hauseigenen Gemüsebeeten einholen können, sollten Sie Ihr Vorhaben erst einmal sorgfältig planen.

Vorgefundene Verhältnisse

Wo sich einmal ein üppiger Gemüsegarten ausbreiten soll, werden Sie jetzt vielleicht noch Verhältnisse vorfinden, die mutlos machen. Auf verdichteter Baustellenerde oder einer ehemaligen Weide muss im ersten Gartenjahr Pionierarbeit geleistet werden, bevor Sie säen und pflanzen können.

Wer einen verwilderten Garten übernimmt, wird viel Zeit mit der schweißtreibenden Arbeit des Rodens zubringen. Wo einmal kräftige Gemüsepflanzen heranwachsen sollen, muss zunächst gründlich für Ordnung und Durchlüftung gesorgt werden. Giersch und Disteln dürfen auch in einem Biogarten nicht zwischen den Nutzpflanzen wuchern.

Beziehen Sie also unbedingt in die Planung mit ein, welche Arbeiten aufgrund der bestehenden Verhältnisse notwendig sind und wie viel Zeit diese in Anspruch nehmen.

Wasser und Licht

Neben Licht ist genügend Wasser eine wichtige Grundvoraussetzung für ein gesundes Pflanzenleben. Stauende Nässe im Untergrund führt jedoch dazu, dass die Wurzeln faulen und Pflanzen absterben.
Wenn Sie sumpfige Stellen in Ihrem Garten entdecken oder Regenwasser nach Tagen noch auf den Beeten steht, sollten Sie mit Ihren Anbauplänen noch ein Jahr warten und das Grundstück erst einmal gründlich sanieren. Eine bodenlockernde Gründüngung oder eine sachgemäß verlegte Drainage macht aus nassem Boden angenehm feuchte Erde. Bei Hang- oder heißer Südlage müssen Sie mit Trockenheit rechnen. Hier müssen Sie den Boden häufig mit der Grabgabel oder Hacke lockern und ihn reichlich mit Nährstoffen versorgen, damit er mehr Feuchtigkeit speichern kann.
Wenn Sie die Wahl haben, werden Sie Ihren Gemüsegarten an einem möglichst warmen und sonnigen Platz anlegen (am besten Südwestausrichtung), auf keinen Fall aber auf der Nordseite des Hauses. Halten Sie sich einmal einen ganzen sonnigen Tag lang in Ihrem Garten auf und beobachten Sie genau, wie viele Stunden die Sonne auf die verschiedenen Gartenbereiche scheint. Biologischer Gemüsebau setzt voraus, dass die Pflanzengemeinschaften an die gegebenen Lichtverhältnisse angepasst sind. Die meisten bei uns angebauten Gemüsearten benötigen einen warmen und sonnenbeschienenen Platz im Beet.

Gestaltung des Nutzgartens

Beginnen Sie mit einem Plan, indem Sie Ihr Grundstück maßstabsgerecht auf Millimeterpapier übertragen und alle wichtigen Punkte einzeichnen: das Haus, die Garage, die Terrasse, die Zufahrt, die Himmelsrichtungen und Bäume mit ihren belaubten Kronen. Schneiden Sie ein Papier in der gewünschten maßstabsgetreuen Größe und Form Ihres Gemüsegartens aus und schieben Sie es auf Ihrem Grundstücksplan hin und her, bis der Garten optimal liegt. Probieren Sie alle Möglichkeiten aus: Rücken Sie den Gemüsegarten ans Haus oder den Grundstücksrand, damit für die Kinder Platz zum Spielen frei bleibt – oder setzen Sie den Gemüsegarten schräg in eine Ecke. Bedenken Sie auch, dass ein Nutzgarten in Küchennähe mit direkter Verbindung, etwa zu einer Terrassentür, gerne und häufig besucht wird.

Wenn Sie den günstigsten Platz für Ihren Garten gefunden haben, stecken Sie seinen Umriss auf dem Grundstück ab. Schlagen Sie mit einem Fäustel an den Ecken Schnureisen in die Erde und verbinden Sie sie mit Maurerschnur.

Sinnvoll bei der Gestaltung der zur Verfügung stehenden Anbaufläche ist eine Mischkultur. Das bedeutet, dass unterschiedliche Gemüsearten gleichzeitig auf einem Beet angebaut werden. Da die Pflanzen zu verschiedenen Zeiten reifen und abgeerntet werden, entstehen immer wieder Lücken, die Sie durch Nachsäen oder Nachpflanzen schließen können.

Achten Sie bei der Nachkultur darauf, dass sich bodengesundende Pflanzen mit anspruchsvolleren abwechseln. Jede Ernte schafft Platz für neue Kulturen, damit Sie das ganze Jahr über frisches Gemüse genießen können. Der Boden bleibt stets bedeckt, da ihn die Blätter den ganzen Sommer lang schattieren und seine Feuchtigkeit vor Verdunstung schützen. Dadurch werden Sie weniger Arbeit mit dem Gießen und Hacken haben, weil die dichte Pflanzendecke über dem Beet und die Mulchschicht am Boden kaum Unkraut aufkommen lassen.

Ein weiterer Vorteil: Der bunte Wechsel verschiedenartiger Pflanzen auf dem Mischkulturenbeet unterstützt die Gemüsepflanzen in ihrem Wachstum und macht sie weniger anfällig für Schädlinge und Krankheiten. Um nur einige Beispiele zu nennen: Möhren im Wechsel mit Zwiebeln angebaut schützen sich gegenseitig vor Möhren- und Zwiebel-

fliegen, der Geruch von Sellerie und Tomate irritiert den Kohlweißling, und Knoblauch bietet anderen Pflanzen Schutz vor Pilzerkrankungen. Mischkulturen fördern ein vielfältiges Insektenleben auf und im Boden, wodurch eine einzelne Insektenart kaum die Möglichkeit erhält, zu einem Schädling zu werden. Wenn Sie die Regeln der Mischkultur beherrschen, wird Ihre Gartenerde zudem fruchtbar bleiben, da die Pflanzengemeinschaften mit ihrem unterschiedlichen Nährstoffverbrauch die Erde nicht einseitig auslaugen. Diejenigen Gemüsearten, die während der Vegetationszeit mehr Nährstoffe benötigen als ihre Nachbarn, werden zusätzlich gezielt mit Brennnesseljauche oder einer anderen Düngejauche versorgt.
Allerdings hat man beobachtet, dass sich einige Gemüsearten gegenseitig im Wachstum behindern, bei einer ganzen Anzahl ist das Verhalten neutral. Anfänger sollten deshalb mit wenigen und einfachen Mischkulturen beginnen.
Auch viele Kräuter wirken heilend und wachstumsfördernd auf Gemüsepflanzen. Die aromatischen Würzpflanzen können außerdem den Wohlgeschmack ihrer Nachbarpflanzen wesentlich beeinflussen. Säen Sie deshalb Kümmel und Koriander im Frühkartoffelbeet aus oder mischen Sie Dill und Möhren. Radieschen werden würziger, wenn sie mit Kresse zusammengesetzt werden. Aber vor allem dient die Durchmischung mit Kräutern der natürlichen Schädlingsabwehr.

Übrigens: In alten Bauerngärten war es von jeher üblich, dass Gemüse, Kräuter und Blumen in bunter Mischung zusammenstanden. Wenn Sie auf gutnachbarliche Beziehungen zwischen Ihren Pflanzen achten, denken Sie auch daran, das Nützliche mit dem Schönen zu verbinden. Gute wachstums- und gesundheitsfördernde Nachbarn im Gemüsegarten können z. B. Ringelblumen sein. Oder die würzige Kapuzinerkresse, deren kleine Blüten einen Sommersalat geschmacklich und optisch aufbessern. Kombinieren Sie auch einmal ganz nach Gefühl, beispielsweise Blaukraut mit rosa Löwenmäulchen oder Rosen und Schleierkraut. Schließlich soll Ihr Garten kein „Hochleistungsacker" werden, sondern Ihnen und Ihrer Familie ein sinnliches Erlebnis bieten.

Tipps für den Anbau von Mischkulturen

	Buschbohnen	Chinakohl	Endiviensalat	Erbsen	Feldsalat	Fenchel	Gurken	Karotten/Möhren	Kartoffeln	Knoblauch	Kohlgewächse	Kohlrabi	Kopfsalat	Lauch	Mangold	Pastinake	Radieschen/Rettiche	Rote Bete	Sellerie	Spinat	Stangenbohnen	Tomaten	Zichoriensalat	Zucchini	Zwiebeln
Buschbohnen	o	o	o	–	o	–	+	o	o	–	+	+	+	–	+	o	+	+	+	o	o	+	o	o	–
Chinakohl	+	o	o	+	o	o	o	+	–	o	–	–	+	–	o	o	–	o	o	+	o	+	o	o	o
Endiviensalat	o	o	o	o	o	+	o	o	o	o	+	o	o	+	o	o	o	o	o	o	+	o	o	o	o
Erbsen	o	o	o	o	o	+	o	+	–	–	+	+	+	–	o	o	+	o	–	o	–	–	o	o	o
Feldsalat	o	o	o	o	o	o	o	o	o	o	+	+	o	+	o	o	o	o	o	o	+	o	o	o	+
Fenchel	–	o	+	+	o	o	+	o	o	o	o	o	+	o	o	o	o	+	+	o	+	–	o	o	+
Gurken	+	o	o	o	o	+	o	o	o	+	+	o	+	o	o	o	–	+	+	o	o	–	o	o	o
Karotten/Möhren	o	o	o	+	o	o	o	o	o	+	o	o	o	+	+	+	+	o	o	o	o	+	+	o	o
Kartoffeln	+	o	o	–	o	o	o	o	o	o	–	+	o	o	o	o	o	–	–	+	o	–	o	o	o
Knoblauch	–	o	o	–	o	o	+	+	o	o	–	o	o	o	o	o	o	+	o	o	–	+	o	o	o
Kohlgewächse	+	o	+	+	+	+	+	o	–	–	o	o	+	–	+	o	+	o	+	+	+	+	o	o	–
Kohlrabi	+	o	o	+	+	o	o	o	+	o	–	o	+	+	o	o	+	o	+	o	+	+	o	o	o
Kopfsalat	+	o	o	+	o	+	+	o	o	o	+	+	o	+	o	+	+	+	+	+	+	+	+	o	+
Lauch	–	–	+	–	o	o	o	+	o	o	–	+	+	o	o	o	o	–	+	o	–	+	o	o	o
Mangold	+	o	o	o	o	o	o	+	o	o	+	o	o	o	o	o	+	o	o	o	o	o	o	o	o
Pastinake	o	o	o	o	o	o	o	+	+	o	o	o	+	o	o	o	+	+	+	+	o	o	o	+	o
Radieschen/Rettiche	+	–	o	+	o	o	–	+	o	o	+	+	+	o	+	+	o	o	o	+	+	+	o	o	o
Rote Bete	+	o	o	o	o	o	+	o	–	+	o	+	o	–	o	+	o	o	o	o	o	o	o	o	+
Sellerie	+	o	o	o	o	o	+	o	–	o	+	+	+	+	o	+	o	o	o	o	+	+	o	o	o
Spinat	o	o	o	o	o	o	o	o	+	o	+	+	o	o	o	+	+	o	+	o	+	+	o	o	o
Stangenbohnen	o	o	+	+	+	–	+	o	o	–	+	+	+	–	o	o	o	o	o	+	o	o	+	+	–
Tomaten	+	o	o	–	o	–	o	+	–	+	+	+	+	+	o	o	+	o	+	+	o	o	+	o	o
Zichoriensalat	o	o	o	o	o	+	o	+	o	o	o	o	+	o	o	o	o	o	o	o	+	+	o	o	o
Zucchini	o	o	o	o	o	o	o	o	o	o	o	o	o	o	o	o	o	o	o	o	+	o	o	o	+
Zwiebeln	–	o	o	o	o	o	+	+	o	o	–	o	+	o	o	o	o	+	o	o	–	o	o	+	o

+ = Gute Nachbarn – = Schlechte Nachbarn o = Kein Einfluss

Anlage und Vorarbeiten

Die wichtigsten Gartengeräte

Gute Gartengeräte sind zwar nicht gerade billig, der höhere Anschaffungspreis zahlt sich jedoch aus. Außerdem wichtig: Die Gartengeräte sollten auf die Größe und Kraft der Person abgestimmt sein, die mit ihnen arbeitet. Wählen Sie im Zweifelsfall das kleinere Werkzeug, da Sie mit den handlicheren Geräten auch an schwer zugänglichen Stellen arbeiten können.

Ihre Gartengeräte sollten trocken und übersichtlich untergebracht und auf kürzestem Wege greifbar sein. Wenn Sie im Herbst alle Gartenarbeiten erledigt haben, werden die Werkzeuge gesäubert. Rostige Stellen lassen sich mit Bürste und Schmirgelpapier entfernen. Wenn Sie die Metallteile einfetten und die Stiele mit Leinöl oder Kräuterfirnis einlassen, werden Sie im nächsten Frühjahr Ihre Geräte gerne wieder in die Hand nehmen.

Spaten

Ein Spaten ist für jeden Gärtner ein unentbehrliches Utensil. Sie benötigen ihn zum Umgraben und Roden bei unvorbereitetem Gelände und zum Ausheben größerer Pflanzgruben. Ein Spatenblatt aus gestanztem Stahlblech biegt sich leicht durch. Achten Sie also darauf, dass es aus rostfreiem Edelstahl geschmiedet und von Hand hochpoliert wurde. Dass das Blatt geschmiedet ist, erkennen Sie übrigens an der leicht gewellten Oberfläche. Die Schneide sollte scharf und leicht geschwungen sein.

Die Schwachstelle aller Spaten sind die Tülle und der Schaft. Bei billigen Spaten ist eine einzige Feder vorn am Blatt angenietet oder angeschweißt – Bruch oder Verwindung sind unvermeidlich. Bessere Spaten haben vorn und hinten eine Feder bzw. eine lange Tülle, in einem Stück mit dem Blatt geschmiedet. Der Spaten sollte außerdem über einen stabilen Eschenstiel mit Quergriff verfügen.

Grabgabel und Sauzahn

Diese wichtigen Geräte sorgen für eine tiefgründige Bodenlockerung. Sparsamkeit beim

Kauf ist deshalb nicht angebracht. Die Grabgabel sollte aus geschmiedetem Edelstahl mit vier flachen, starken Zinken und einem T-Stiel aus Eschenholz bestehen.

Der Sauzahn ist das Erkennungszeichen des Gärtners schlechthin. Er besteht aus einem sichelförmig gebogenen Zinken, der in eine platte Spitze ausläuft. Der Stiel sollte leicht gebogen sein, mit der Krümmung nach unten. Achten Sie darauf, dass die Pflugschar nicht angesetzt ist, sondern zusammen mit dem Dreikantbogen aus einem Stück geschmiedet wurde. Der Sauzahn lockert die Erde bis auf 20 cm Tiefe, ohne die natürliche Bodenschichtung durcheinander zu werfen.

Grubber und Harke

Diese Geräte leisten bei der Beetvorbereitung gute Dienste, indem sie die Erde lockern und die kleinen Unkrautpflanzen entwurzeln. Der Grubber erinnert mit seinen drei runden, gebogenen Zinken an eine Kralle. Das Arbeitsteil sollte geschmiedet und nicht gestanzt sein, denn nur beim Schmieden kann das Material an jenen Stellen verstärkt werden, wo dies aus funktionellen Gründen notwendig ist.

Die Harke (auch Kräuel genannt) ist ein sehr vielseitiges Gartengerät. In der Regel hat diese kleine Harke drei bis vier abgewinkelte Zinken, rund geschmiedet oder flach. Der

Stiel des Kräuels sollte aus Eschenholz und – aus ergonomischen Gründen – oval sein.

Rechen

Einen Rechen brauchen Sie zum Ausebnen des Beetes und zum feinen Zerkrümeln der obersten Gartenbodenschicht. Für den Anfang ist ein Rechen von mittlerer Breite empfehlenswert (zwölf oder 14 Zinken), zwischen den Gemüsereihen können Sie gut mit dem schmalsten Rechen arbeiten. Kaufen Sie am besten einen Rechen aus hochpoliertem, gewalztem Edelstahl mit angeschweißter Angel und einem langen Stiel aus Eschenholz.

Gartenhacke und Bügelhacke

Diese Geräte werden zum Unkrautjäten und Lockern der Gartenerde benötigt. Die Bügelhacke eignet sich für gröbere Arbeiten, etwa zum Loshacken von Grassoden oder starken Wurzeln. Es gibt sie in verschiedenen Breiten. Nehmen Sie am besten eine schmale Ausführung (12 cm breit).

Die kleine Gartenhacke kann beidseitig benutzt werden. Auf der einen Seite befindet sich ein gerade oder herzförmig geschmiedetes Blatt, auf der anderen Seite stehen zwei oder drei Zinken, die für gute Bodendurchlüftung sorgen. Aus Stabilitätsgründen sollte der Kopf aus einem Stück geschmiedet sein.

Pflanzschaufel

Mit der Pflanzschaufel setzen Sie Gemüsepflänzchen in die Beete. Sie ist wie eine kleine, längliche Schaufel geformt, die vorn in eine Spitze zuläuft. Das Blatt aus gewalztem Edelstahl sollte gehärtet und mit einem massiven Holzstiel aus Buche oder Esche versehen sein.

Holzpflöcke und Setzschnur

Diese zwei Hilfsmittel sollten Sie parat haben, wenn Sie gerade Saatreihen auf Ihren Beeten ziehen wollen.

Anlage von Wegen

Bevor Sie den Boden Ihres künftigen Gemüsegartens bearbeiten oder gar Beete anlegen, ist es sinnvoll, Wege zu schaffen.

Materialien

Die Wege im Gemüsegarten und zwischen den Beeten werden locker befestigt, damit sie bei Bedarf wieder leicht versetzt werden können. Empfehlenswert ist eine Kiesdecke mit Steineinfassung für den Hauptweg und Trittsteine oder ein Belag aus Rindenmulch für die Wege zwischen den Beeten.

Kieswege

Die Wege zwischen dem Gemüse sollten sorgfältig abgesteckt werden – schon im Hinblick auf die richtige Entwässerung. Markieren Sie mit Schnureisen und Maurerschnur

den Verlauf des Weges und legen Sie das richtige Gefälle fest. Dann heben Sie den Untergrund etwa 20 cm tief aus und verdichten ihn. Die Rinne füllen Sie lagenweise mit Splitt, Kies und Brechsand. Jede Schicht wird mit dem Rechen nach Maßgabe der Schnüre planiert und abgerüttelt. Wässern Sie die Schicht aus Brechsand vor dem Verdichten mit einer Schlauchbrause. Dadurch bindet der Kalk ab, die Kiesdecke bleibt aber dennoch wasserdurchlässig. Zuletzt streuen Sie die gesamte Fläche mit Kiesel oder auch Ziersplitt ab.

Kieswege benötigen eine feste Randausbildung. Fassen Sie die Wegekanten mit Klinker ein, die Sie hochkant und quer auf ein Mörtelbett setzen und verfugen.

Natursteinpflaster

Auch für Einfassungen aus Natursteinpflaster müssen Sie einen ausreichend tiefen Graben an den Rändern ausheben. Dann setzen Sie die Steine auf ein etwa 10 cm hohes Mörtelbett. Wenn Sie Ihren Kiesweg mit Fichtenstangen einfassen wollen, schlagen Sie im Abstand von etwa 2 m angespitzte Holzpflöcke in die Erde, legen die Holzstangen entlang des Weges an und heften sie mit Nägeln fest. Die Pflöcke sollten nicht mehr als 3 cm über die Stange hinausragen.

Zwischen den Beeten

Auch zwischen den Gemüsebeeten sollten Sie schmale Wege anlegen. Damit erleichtern Sie sich die Gartenarbeit ungemein. Das Wegebaumaterial sollte sich leicht wieder aufnehmen lassen, damit eine wechselnde Beeteinteilung möglich ist. Schön sehen hier Trittsteine, etwa bemooste Terrassenplatten oder Ziegelsteine, aus. Sie können aber auch eine 5 cm dicke Schicht aus Rindenmulch auftragen. Letzteres ist jedoch ein wahres Paradies für Wurzelunkräuter wie Quecke oder Hahnenfuß, die dann nur schwer aus

Fichtenbretter

Fichtenbretter als „Beetwege" werden leicht zu Stolperfallen, da sie sich im Sommer werfen. Ähnlich wie Rundhölzer als Beeteinfassung stellen sie nur eine provisorische Lösung für die erste Phase der Anlage eines Gemüsegartens dar.

dem verdichteten Boden zu ziehen sind. Wenn Sie eine Bahn alten Teppich oder Filz unter die Rinde legen, entfällt der Kampf. Sie können die Wege aber auch mit Stroh oder Laub auslegen. Diese lassen Unkraut nur schwer aufkommen und verrotten langsam. Der Boden unter den Wegen bleibt locker, sodass die Wurzeln der angrenzenden Gemüsepflanzen auch von dort Nährstoffe aufnehmen können.

Vorbereitung des Bodens

Mit dem vorhandenen Gartenboden hat die Natur die Voraussetzungen geschaffen, nach denen Sie Ihre Pflege- und Düngemaßnahmen ausrichten müssen. Lernen Sie deshalb, Sand-, Lehm- und Tonböden voneinander zu unterscheiden.

Zeigerpflanzen

Achten Sie, bevor Sie mit der Rodung Ihres Gemüsegartens beginnen, besonders auf die dort wild wachsenden Pflanzen. Sie gedeihen nicht zufällig an dieser oder einer anderen Stelle. Vielmehr siedeln sich die verschiede-

Bestimmung der Bodenqualität durch Wildkräuter

Humusreiche gute Gartenerde
Ackersenf, Brennnessel, Echte Kamille, Hirtentäschelkraut, Melde, Vogelmiere

Kalkreiche Erde
Kleiner Wiesenknopf, Wegwarte, Wiesensalbei

Kalkarme Erde
Adlerfarn, Hundskamille, Kleiner Ampfer, Stiefmütterchen

Humoser Lehmboden
Ackerhahnenfuß, Ackerkratzdistel, Huflattich, Klettenlabkraut

Nasser Lehmboden
Breitwegerich, Kriechender Hahnenfuß, Löwenzahn, Scharbockskraut

Sandboden
Frühlingshungerblümchen, Hasenklee, Mohn, Saatwucherblume

nen Pflanzengemeinschaften nur auf bestimmten Böden, unter besonderen Licht- und Feuchtigkeitsverhältnissen an. Ihre typischsten Vertreter, die sogenannten „Zeigerpflanzen", geben Ihnen darüber Auskunft, wie Ihr Gartenboden beschaffen ist.

Bodenanalyse

Um die Gartenerde gezielt düngen zu können (vgl. Seite 40 ff.), müssen Sie Klarheit über die Nährstoffzusammensetzung in Ihrem Boden gewinnen. Dazu ist eine Bodenanalyse unerlässlich. Wie hoch der Kalkanteil in Ihrem Boden ist, können Sie ganz leicht selbst untersuchen. Im Handel sind dafür einfache Kalktests erhältlich. Sie geben Ihnen Aufschluss darüber, welchen pH-Wert Ihre Gartenerde hat. Die meisten Gartenpflanzen fühlen sich in einem neutralen Humus am wohlsten, also in einem pH-Bereich zwischen 6 und 7.

Sie können auch zusätzlich eine Bodenprobe an ein Speziallabor schicken, um über alle anderen Werte des Bodens genau Bescheid zu wissen. Von den Landwirtschaftlichen Untersuchungs- und Forschungsanstalten erfahren Sie kurz und bündig in Prozentangaben alles über die Bodenart, den pH-Wert, den Kalkzustand und den Phosphor- sowie Kaligehalt Ihrer Gartenerde. Meist wird auch der Magnesiumgehalt untersucht.
Die günstigste Zeit für eine Bodenuntersuchung ist der späte Herbst, bevor Sie neuen Kompost auf den Beeten verteilen. Sie können aber auch im Februar oder März noch Proben verschicken. Untersuchungen über Rückstände im Boden sind für private Gartenbesitzer zu aufwendig und kostspielig. Wenn Sie wissen, dass Ihr Vorgänger mit synthetischen Düngesalzen und Insektiziden

Chemische Analyse vom Fachmann

Lassen Sie die chemische Analyse am besten in einem biologisch ausgerichteten Labor durchführen. Dort sind die Preise zwar höher, Sie bekommen jedoch eine ausführliche Beschreibung Ihres Bodens und auf Wunsch Empfehlungen, wie Sie mit naturgemäßen Mitteln Mängel ausgleichen können.

gewirtschaftet hat, richten Sie Ihre Bemühungen vor allem darauf, der Natur beim Abbau der schädlichen Substanzen zu helfen.

Gründüngung

Widmen Sie Ihre ganze Aufmerksamkeit der Lockerung und Belebung des Bodens. Sie finden dazu wichtige Helfer in der Natur: Überlassen Sie etwa einer Gründüngung mit Leguminosen einen Teil der Arbeit. Diese Schmetterlingsblütler dringen mit ihren feinen Wurzeln tief und weit verzweigt ins Erdreich ein. Sie lockern auf schonendste Art den Boden, denn wenn die Wurzeln später abgestorben sind, haben sie ein System von Hohlräumen geschaffen, durch welches Wasser und Luft zirkulieren können. Im Spätsommer wird die Pflanzendecke abgemäht, ein Teil dient zum Aufsetzen des ersten Kompostes, der Rest bleibt als Mulchdecke den Winter über liegen.

Kartoffeln als Bodenpfleger

Nicht nur nützlich, sondern auch nahrhaft ist die Bodenverbesserung mit Kartoffeln. Das dichte Laub unterdrückt nachwachsendes Unkraut, und die Knollen lassen nach dem Klauben einen herrlich lockeren Boden zurück.

Insgesamt hält die Natur viele Pflanzen bereit, die den Boden nicht nur tiefgründig lockern, sondern auch zur Nährstoff- und Humusanreicherung beitragen – ein Trost vor allem für Gärtner, die es mit stark vernachlässigter und verdichteter Gartenerde zu tun haben.

Die Gründüngungspflanzen wachsen üppig während des Sommers und beschatten mit ihrer Blattmasse den Boden. Im Spätsommer oder Herbst wird die Gründüngung abgemäht. Die Wurzeln bleiben im Boden. Sie zerfallen über den Winter und hinterlassen poröse, luftige Erde. Blätter und Stängel können Sie zum Teil als Mulchdecke liegen lassen, der andere Teil wird kompostiert. Oder Sie lassen einjährige Gründungsarten, die so hoch wachsen, im Winter einfach abfrieren. Die Pflanzenteile bedecken dann den Boden und verrotten an Ort und Stelle. Hierbei ge-

Gründüngungspflanzen		
Name	**Bodenart**	**Aussaatzeit/Besonderheiten**
Ackerbohne	mittelschwer, lehmig, feucht	März bis Mai
Gelbsenf	mittelschwer, alkalisch	März bis September, schnell wachsend
Gelbe Lupine	sandig, sauer	April bis Mai, einjährig
Inkarnatklee	lehmig, leicht sauer	Juli bis September, winterhart
Ölrettich	mittelschwer bis schwer, verdichtet	April bis September, tief reichende Pfahlwurzeln
Ringelblume	alle Böden	April bis Mai, einjährig, schöne Blüte

ben sie Nährstoffe ab und reichern damit den Humus an. Suchen Sie sich Pionierpflanzen aus, die Ihnen auch optisch gefallen. Arten wie Sonnenblume, Gelbsenf, Wicke, Ringelblume oder Bienenfreund sorgen mit ihren Blüten für Farbe. Während diese Pflanzen den Boden verbessern, verschönern sie gleichzeitig Ihren Gemüsegarten.

Von der Wiese zum Gemüsegarten

Wenn Sie aus einem Stückchen gepachteter Wiese einen Gemüsegarten machen wollen, finden Sie womöglich unter der geschlossenen Grasdecke fruchtbaren Boden vor. Pflügen Sie Ihr Wiesenstück im Herbst um und lassen Sie es über den Winter durchfrieren. Im darauffolgenden Frühjahr können Sie die Fläche lockern und glätten, Beete und Wege anlegen und Gründüngung auf den Beeten einsäen. Im zweiten Frühjahr setzen Sie dann Ihre ersten Gemüsepflänzchen in lockere, nährstoffreiche Erde.

Unkraut jäten

Vor dem Aussäen muss selbst im Biogarten hartnäckiges Unkraut mitsamt seinen Wurzeln entfernt werden. Denn eilig bestellte Gemüsebeete bieten im Sommer häufig ein trauriges Bild: Wurzelunkräuter wachsen aus dem Boden und Salatpflänzchen fristen ein trauriges Dasein in nasser, fester Erde. Arbeiten Sie am besten mit der Spitz- oder Platthacke bzw. lockern Sie den Boden mit der Grabgabel und entfernen Sie in Handarbeit so viele Wurzeln wie möglich.
Hier ein paar Tipps, wie Sie wuchernde Unkräuter beseitigen und für einen lockeren Boden sorgen können. Wildkräuter mit starken Wurzelstöcken wie Brennnessel, Gräser oder Hahnenfuß graben Sie am besten mit

der Grabgabel aus. Stechen Sie die Gabel rund um die Pflanze tief in die Erde und versuchen Sie dabei, die Wurzel etwas anzuheben. Dann ziehen Sie die Pflanze vorsichtig mit beiden Händen aus der Erde, damit alle kleinen Wurzelausläufer aus dem Boden gelöst werden. Arbeiten Sie an der gerodeten Stelle noch einmal gründlich die Erde durch, um alle Wurzel- und Pflanzenreste aufzusammeln. Das ist besonders wichtig bei Pflanzen wie Acker- oder Zaunwinde, die aus kleinsten Wurzelstückchen neue Pflanzen bilden können.

Nachwachsende Triebe müssen während der gesamten Vegetationsperiode immer wieder herausgerissen werden, damit die Pflanze geschwächt wird. Ziehen Sie auch alle anderen Pflanzen nach diesem Prinzip aus der Erde: zuerst den Boden mit der Grabgabel gründlich lockern, dann das Unkraut so sorgfältig wie möglich entfernen.

Am günstigsten ist es, den Boden bereits im Herbst vorzubereiten und dann zu mulchen. Wenn Sie im Frühjahr die Mulchdecke beiseiteziehen, ist die Erde darunter locker. Sie können die Beete aber auch erst im Frühjahr bearbeiten, sobald der Boden abgetrocknet und genügend erwärmt ist.

Wenn Sie auf diese Weise das Beet durchgearbeitet haben, nehmen Sie jetzt den sichelförmigen Sauzahn zur Hand. Ziehen Sie ihn in diagonalen Linien möglichst tief durch die Erde. Zuerst in die eine Richtung, dann noch einmal im rechten Winkel dazu, sodass ein netzartiges Muster entsteht.

Der Sauzahn schont Ihren Rücken, da Sie mit ihm aufrecht stehend arbeiten können. Anschließend krümeln Sie mit einer leichten Hacke die Erde fein. Arbeiten Sie ruhig und gleichmäßig einen Streifen nach dem anderen durch, dann glätten Sie das Beet mit einem Rechen.

Richtig kompostieren

Nur auf einem gesunden Boden wächst auch gesundes Gemüse. Die besten Bedingungen dafür schaffen Sie, indem Sie die Bodenfauna mit hochwertigem, selbst bereitetem Kompost versorgen. So ergeben natürlich verwertete Küchen- und Gartenabfälle, richtig kompostiert, wertvollen Dünger und verbessern die Qualität Ihrer Gartenerde.

Eine geheime Wissenschaft?

Die richtige Kompostbereitung ist keine geheime Wissenschaft – auch wenn es dem Gartenneuling manchmal so vorkommen mag. Allerdings ist ein Komposthaufen auch keine Müllkippe für alle Abfälle, die planlos übereinander geworfen irgendwann einmal zu faulen und zu stinken beginnen, statt sich in gute nährstoffreiche Erde zu verwandeln.
Machen Sie sich zunächst einmal bewusst, unter welchen Bedingungen die Umsetzungsprozesse in der Natur am besten funktionieren können.
Für die Verrottung organischer Substanzen ist vor allem eine gute Durchlüftung nötig. Deshalb ist ein lockerer Aufbau besonders wichtig. Mischen Sie die eher feuchten, klebenden Bestandteile Ihres Komposthaufens mit groben, holzigen Komponenten. Diese sorgen für Hohlräume, durch die Sauerstoff zirkulieren kann.

Bodentiere und Mikroorganismen zersetzen die Abfälle und wandeln sie in fruchtbaren Humus um. Zu ihren elementaren Lebensbedingungen gehört ein mäßig feuchtes Milieu. Zu viel Nässe verklebt die aufgesetzten Abfälle, und diese beginnen zu faulen. Aus trockenen Bereichen ziehen sich die Bodenlebewesen in tiefere und feuchte Bodenschichten zurück. Wärme ist für die rasche und gleichmäßige Verrottung also unentbehrlich. Wenn Sie die Bodenlebewesen mit schnell verwertbaren, zerkleinerten Abfällen und zusätzlichen Stickstoffgaben versorgen, werden sie mit ihrer Stoffwechselenergie den Komposthaufen gleichmäßig erwärmen.

Durchlüftung

Wenn Ihre Gartenerde schwer und lehmig ist, schichten Sie am Boden der Kompostmiete eine Lage grob zerkleinerter Zweige auf. Damit sorgen Sie für eine gute Durchlüftung und für eine wirkungsvolle Drainage.

Standort

Legen Sie Ihren Kompostplatz in einer leicht beschatteten Gartenecke an, etwa unter einem Holunder- oder Haselnussbusch. Nasskalte Winkel in tiefem Schatten, aber auch trockene, heiße Standorte sind ungeeignet.

Wenn Sie für eine Kompostanlage mit Mieten keinen Platz in Ihrem Garten haben (eine Miete braucht wesentlich mehr Fläche als ein Silo), besorgen Sie sich im Fachhandel eine stabile Kompostkiste aus Holz bzw. eine Komposttonne aus Metall oder Kunststoff, die ebenfalls im leichten Schatten eines Strauchs oder Baums aufgestellt werden sollte. Die Behälter werden auf nicht versiegelte, gelockerte Erde gestellt.
Achten Sie beim Kauf darauf, dass die Vorderseite der Tonne leicht zu öffnen ist, damit Sie Abfälle hinein- und fertigen Kompost herausschaufeln können.

Anlage einer Kompostmiete

Bevor Sie mit dem Aufsetzen der Miete beginnen, sollten Sie bereits auf einem kleinen Sammelplatz eine größere Menge verschiedener organischer Abfälle gesammelt haben: Reste von abgeernteten Gemüsebeeten, Staudenstängel, ausgerissenes Unkraut (möglichst ohne Samen), Laub, Baum- und Heckenschnitt, Kräuter und Küchenabfälle. Zerkleinerte Abfälle zersetzen sich wesentlich schneller. Deshalb sollten Sie holzige Stängel oder Zweige mit einer Gartenschere klein schneiden. Weiches Kompostmaterial wird mit einem Spaten zerschlagen. Für größere Mengen Heckenschnitt sollten Sie sich einen Häcksler ausleihen. Anschließend mischen Sie die trockenen, holzigen Teile mit den nassen, frischen Substanzen.

Aufsetzen des Komposts

Setzen Sie die Miete auf offenem, lockerem Boden auf, damit ein lebendiger Austausch mit der Erde stattfinden kann. Die Miete kann in beliebiger Länge aufgebaut werden, die Breite sollte 1 bis 1,5 m betragen. Schichten Sie Ihre gesammelten und zerkleinerten Gartenabfälle so auf, dass die Miete mindestens 1 m hoch ist; nur dann kann sie sich genügend erwärmen.

Dünger und Kompoststarter

Guter Gartenkompost benötigt normalerweise keine besonderen Zusatzstoffe. Hilfreich sind jedoch Kalk und Hornmehl oder andere stickstoffhaltige, organische Düngemittel, von denen Sie immer wieder kleine Portionen zwischen die einzelnen Lagen streuen können.

Reifekompost

Lassen Sie einen kleinen Teil des Grobkomposts länger ausreifen, bis ein dunkelbrauner, stark erdiger Reifekompost entstanden ist. Damit lassen sich Saatreihen und Pflanzlöcher fein ausfüllen.

Im Handel sind Kompoststarter oder -beschleuniger erhältlich. Als Gartenneuling sollten Sie Ihrem Kompost etwas davon zusetzen, damit Sie nicht zu lange auf ermutigende Resultate warten müssen. Im folgenden Jahr können Sie das Bodenleben in einer neu aufgesetzten Miete fördern, indem Sie ein paar Schaufeln Ihres fertigen, alten Kompostes unter die frischen Abfälle mischen. Die fertige Miete wird am Schluss mit einer Schicht Stroh, Gras oder Laub abgedeckt,

damit sich Wärme und Feuchtigkeit im Inneren des Haufens gut halten können.

Die Miete sollte stets gleichmäßig feucht sein. Gießen Sie sie daher bei trockenem, heißem Wetter mit Regenwasser oder verdünnter Brennnesseljauche bzw. halten Sie übermäßige Regengüsse durch eine Abdeckung aus Brettern oder Folien von ihr fern.

Verteilen auf den Beeten

Bei warmem Sommerwetter dauert die Umsetzung der Abfälle in Kompost etwa drei bis vier Monate, im Herbst aufgesetzte Mieten kommen erst bei schönem Frühlingswetter so richtig in Gang. Wenn sich alle Abfälle weitgehend zersetzt und ein braunes, erdiges Aussehen angenommen haben, verteilen Sie den Grobkompost großzügig auf Ihren Gartenbeeten.

Sie können Ihren Humus im Herbst oder im zeitigen Frühjahr – am besten an einem windstillen, feuchten Tag – ausbringen. Lo-

ckern Sie vorher die Erde auf den Beeten und entfernen Sie alles Unkraut. Streuen Sie den Kompost über der gesamten Fläche aus. Er wird nur ganz leicht mit einer Harke in die Erdoberfläche eingekratzt.
Bedecken Sie anschließend das Beet mit einer Mulchschicht. Unter dieser wird aus Ihrem Kompost eine fruchtbare Humusschicht entstehen, die Ihren Gemüsepflanzen eine Saison lang ausreichend Nahrung liefert.
Wenn Sie partout im Frühjahr mit dem Gärtnern anfangen wollen, ein eigener Kompost aber noch nicht vorhanden ist, sollten Sie sich eine kleine Menge fertigen Kompost oder Regenwurmhumus im Fachhandel oder in einer kleineren Gärtnerei besorgen. Gehen Sie sehr sparsam mit dem kostbaren Substrat um und füllen Sie nur jeweils eine Handvoll in die Pflanzlöcher und in die Saatreihen.

So geht's

Auf keinen Fall sollten Sie den Kompost untergraben. Es genügt, einen Kontakt zwischen Erd- und Humusschicht herzustellen, damit alle wertvollen Substanzen in den Boden dringen können.

Anlage eines Hügelbeetes

Ist Ihr Garten klein oder braucht der Boden noch Zeit für den Aufbau einer Humusschicht, sorgen rundliche Hügelbeete für ein reichliches und gutes Wachstum der verschiedenen Gemüsepflanzen.

Legen Sie ein neues Hügelbeet im Herbst an, damit sich das aufgeschichtete Material bis zum Frühjahr setzen kann, und machen Sie sich auf einige Tage Arbeit gefasst, denn die Materialbeschaffung und der Aufbau des Hügels sind aufwendig.

Vorteile

Die Mühe lohnt sich jedoch auf jeden Fall, denn das Gärtnern auf erhöhten Beeten hat viele Vorteile, die langfristig die gärtnerischen Pflegemaßnahmen deutlich erleichtern. Hügelbeete

- sorgen durch Humusbildung im Inneren für ständig sich erneuernde Bodenfruchtbarkeit,
- vergrößern die Anbaufläche,
- verlängern die Anbau- und Reifezeit, da die Abbauprozesse im Inneren die Erde erwärmen,
- gewährleisten eine gute Drainage, da der Großteil des Regenwassers durch den groben Kern in der Mitte ungehindert abfließen kann.

Standort

Reservieren Sie für Ihr Hügelbeet eine möglichst sonnige Stelle in Ihrem Garten. Es wird in Nord-Süd-Richtung aufgebaut, bei Ost-West-Lage entstünde sonst ein heißer Süd- und ein schattiger Nordhang.

Vorgehen

Die Grundfläche ist 1,8 m breit und beliebig lang, die Höhe des fertigen Hügels sollte 60 bis 70 cm betragen. Wenn Sie das Beet sorgfältig ausgemessen haben, heben Sie eine etwa 25 cm tiefe Grube aus. Die Erde bzw. die spatentief abgestochenen Grassoden werden beiseite gelegt. Nun bilden Sie den inneren, groben Kern des Hügelbeetes, indem Sie zerkleinerte Äste oder harte Stängelstücke entlang der Mittellinie zu einem etwa 50 cm hohen gewölbten Haufen aufschichten. Lassen Sie an den Breitseiten 50 cm und an den Schmalseiten 60 bis 70 cm Platz zu den Rändern der ausgehobenen Grube hin.

Wenn Sie Grassoden ausgestochen haben, legen Sie diese mit der grünen Seite nach unten auf den Reisigkern. Sie können diese etwa 15 cm dicke Schicht aber auch aus Grasschnitt, Stroh und Gartenabfällen mischen. Verteilen Sie großzügig Erde darüber und klopfen Sie diese fest. Dadurch erhält der Hügel langsam seine Form.

Dann folgen lagenweise gemischtes, feuchtes Laub (ungefähr 25 cm hoch), Grobkompost (15 cm hoch) und als oberste Abdeckung 15 bis 20 cm hoher reifer Kompost oder gute Gartenerde, die Sie beim Aushub beiseite gelegt haben. Das Hügelbeet wird nun noch etwas geformt, leicht angeklopft und gehackt.

Auf dem Rücken des Hügels formen Sie eine Rinne, die als Gießmulde dient. Zuletzt decken Sie das Beet mit einer dicken Strohschicht als Mulchdecke ab.
Während des Winters setzt sich das Hügelbeet und entwickelt besonders in der Laubschicht Wärme, ähnlich wie in einem Treibbeet. Dadurch können Sie im nächsten Frühjahr schon zeitig mit dem Säen und Bepflanzen beginnen. Halten Sie sich dabei in etwa an die Regeln der Mischkultur und setzen Sie die Pflanzen in ovalen Ringen um den ganzen Hügel herum.

Gärtnern unter Glas

Wer nach der winterlichen Zwangspause Hunger auf frisches Gemüse hat, sollte ein Frühbeet in seinem Garten anlegen.

Vorteile

Der traditionelle Frühbeetkasten lässt sich ganz leicht selbst bauen und bietet einen erheblichen Wachstumsvorsprung im Frühling, der sich durch deutlich frühere Ernten auszeichnet. Denn mit Glas oder Folie abgedeckter Boden erwärmt sich zu Jahresbeginn zeitiger und bleibt im Herbst länger warm. Außerdem erhält der geschlossene Kasten oder Folientunnel die Wärme. So entsteht ein temperierter Raum – ähnlich einem Gewächshaus. Ein Frühbeet eignet sich sowohl zur Aussaat und Anzucht von Setzlingen, die erst nach den Eisheiligen ins Freiland kommen, als auch für den Anbau empfindlicher Kulturen und das schneefreie Überwintern von robustem Salatgemüse.

Bau eines Frühbeetkastens

Ein warmer Frühbeetkasten lässt sich aus Brettern leicht selbst bauen. Bewährt haben sich die Maße 1,5 m tief und 1,6 bis 2,4 m breit bei einer Fensterbreite von 0,8 m. Ein Frühbeet sollte zwei bis drei Fenster haben.

Der Bauerngarten

Welch frohe Farbenpracht, welch angenehmer Duft, welch saftiges Gemüse – ein Bauerngarten umschmeichelt alle Sinne. Erfüllen auch Sie sich Ihren Traum vom rustikalen Gärtnerglück. Denn sogar in städtischen Siedlungsbereichen können kleine Nutzgärten von den Gestaltungsprinzipien der Bauerngärten profitieren.

Klare Ordnung

Geht es auf den Beeten nach den Regeln der Mischkultur kunterbunt zu, ist die äußere Ordnung klar und einfach strukturiert. Bei der klassischen Kreuzform teilt ein Wegekreuz die vorhandene Fläche in vier gleich große Quadrate oder Rechtecke. Besonders hübsch sieht es aus, wenn Sie den Schnittpunkt als Blumenrondell gestalten.
Reicht der Platz nicht für ein Wegekreuz aus, können Sie die Nutzfläche des Gemüsegartens in zwei Hälften teilen, indem Sie einen befestigten Mittelweg anlegen und die Beete einheitlich mit Buchsbaum oder Kräutern einfassen.

Nützlich und schön

Grenzen Sie Ihren Bauerngarten vorzugsweise durch eine Liguster- oder Hainbuchenhecke nach außen hin ab. Ein bewachsenes Spalier dient als Durchlass, der zur kleinen Laube werden kann, wenn Sie eine Gartenbank darunterstellen. Oder Sie bauen, zumindest auf einer Seite, eine Mauer aus Natursteinen oder Ziegeln, die die Sonnenwärme regelrecht einfangen und an wärmeliebende Pflanzen abgeben.

Rund ums Gemüse

Typisch für einen Bauerngarten ist die Einfassung der Gemüsebeete mit einer immergrünen kleinen Hecke aus Buchsbaum oder mit Kräutern. Selbstverständlich können Sie auch Polsterstauden wie Gänsekresse, Steinbrech, Katzenminze, Vergissmeinnicht, Gänseblümchen und die herrlich duftende Reseda an die Ränder pflanzen. Solche „Beethecken" sind nicht nur wunderschön anzuschauen, sie schaffen auch ein günstiges Kleinklima. Viele Kräuter haben zudem eine heilende und stärkende Wirkung auf zahlreiche Gemüsepflanzen.

Breitere Fenster sind sehr schwer und dadurch auch wesentlich unhandlicher. Die Rückwand sollte 20 bis 25 cm höher als die Vorderseite sein, damit die Fenster schräg aufliegen können. Richten Sie Ihr Treibbeet so aus, dass sich die Fenster nach Süden hin öffnen lassen. Nur so werden die Setzlinge voll von der Sonne beschienen. Als Abdeckung können Sie auch mit Folie bespannte Holzrahmen verwenden.

Ausrichtung

Richten Sie Ihr Frühbeet möglichst nah am Wohnhaus ein. Sie sollten jeden Tag die Fenster schließen oder – je nach Witterung und Sonneneinstrahlung – öffnen.

Der Frühbeetrahmen kann außerdem aus fertigen Betonelementen gebaut oder aus Ziegelsteinen gemauert werden.

Weiteres Vorgehen

Ihre ersten Frühbeetversuche sollten Sie unbedingt mit dem sogenannten kalten Kasten machen. Das bedeutet, Ihr rundum geschütztes Gartenbeet wird nur mit Sonnenenergie erwärmt und nicht, wie beim Mistbeet, zusätzlich mit einer „Fußbodenheizung" aus frischem Pferdemist.
Füllen Sie Ihren Frühbeetkasten mit besonders guter Erde. Mischen Sie dazu reifen Kompost mit Sand, etwas Steinmehl und Rindenhumus. Schütten Sie die Erde nur so hoch auf, dass für die Pflanzen noch genügend Platz bleibt.

Gärtnern unter Folie

Unter einem schützenden Folientunnel kommen Aussaaten und Setzlinge so gut voran, dass Sie etwa zwei Wochen früher ernten können. Die wärmende Beetüberdachung hat gegenüber dem fest gebauten Frühbeet den Vorteil, dass sie auf jedem normalen Gartenbeet aufgestellt und nach Bedarf versetzt werden kann.

Bau eines Folientunnels

Folientunnel bestehen aus Kunststofffolie, die über Federstahlbügel gespannt wird. Im Handel gibt es eine Vielzahl preisgünstiger Modelle für verschiedene Beetbreiten zu kaufen. Wenn Sie einen Folientunnel selbst

Richtiger Zeitpunkt

Die Samen profitieren davon, wenn Sie die Beete schon einige Zeit vor dem Aussäen oder Pflanzen abdecken.

bauen wollen, brauchen Sie zunächst ein stützendes Gerüst aus halbrunden Bögen. Sie können starken Draht dafür verwenden oder Rundeisen in einer Werkstatt biegen lassen. Auf einem 1,2 m breiten Beet sollte der Folientunnel etwa 1 m überspannen, so bleibt seitlich noch genug Platz, um die Folie zu befestigen.

Setzen Sie die Bügel in einem Abstand von 50 bis 100 cm, wenn Ihr Folientunnel nicht allzu lang werden soll. Bei längeren Tunnels werden die Bögen in größeren Abständen gesetzt und erhalten dann eine Drahtverspannung. Jetzt breiten Sie in Längsrichtung die Folie über dem Gerüst aus. Sie wird an den beiden Schmalseiten, wie eine Gardine, zusammengerafft und mit einem Ziegelstein beschwert. Die Längsseiten schlagen Sie am besten um ein schmales Brett, das ebenfalls mit Steinen beschwert wird, damit der Wind die Konstruktion nicht auflösen kann. Im Tunnel können die Kulturen bis zur Ernte belassen werden, wenn Sie immer gewissenhaft lüften.

Einfache Variante

Wenn Ihnen der Bau eines Folientunnels zu aufwendig ist, können Sie die Folie auch nur über das Beet breiten und an den Seiten befestigen. Im Gegensatz zum Folientunnel ist es wichtig, die aufgelegte Folie nur als Starthilfe einzusetzen und die Kulturen wieder aufzudecken, sobald die Pflänzchen sich kräftig genug entwickelt haben und die Temperaturen steigen.

Warten Sie mit dem Abdecken, bis es trübe oder regnerisch ist, um den verwöhnten Pflänzchen die Umstellung zu erleichtern. In voller Sonne würden sie sehr schnell welken. Die abgedeckten Folien werden trocken zusammengelegt und bis zur Anzucht im nächsten Frühjahr in einem dunklem Raum aufbewahrt.

Anzucht auf der Fensterbank

Während draußen noch Schneeschauer niedergehen, hält im Haus schon der Frühling Einzug. Der Gemüsegartennachwuchs für das kommende Gartenjahr braucht aber immer Pflege und Aufmerksamkeit. Erst im Mai, wenn auch bei uns die Erde wieder genügend erwärmt ist, sind die vorkultivierten Setzlinge kräftig genug, um ins Freiland umzuziehen.
Für die Vorkultur auf der warmen Fensterbank eignen sich z. B. Tomaten, Zucchini, Paprika, Gurken und Basilikum.

Geeignete Gefäße

Stellen Sie zunächst die passenden Gefäße bereit: Im Grunde können Sie jedes beliebige Gefäß verwenden (etwa Tonschalen, Blumentöpfe, Joghurtbecher oder einen ausgedienten Römertopf), vorausgesetzt, es hat eine Tiefe von mindestens 2,5 cm und im Boden Abzugslöcher. Besonders praktisch sind beheizbare Anzuchtkästen mit Plexiglashaube.

So geht's

Für die Einzelaussaat größerer Samen, wie Gurken oder Zucchini, verwenden Sie am besten Torfpresstöpfe oder Multitopfplatten. Darin haben die Keimlinge von Anfang an genügend Platz, wenn Sie nur ein bis zwei Samenkörner in jeden Topf legen. Sie können aber auch statt der Töpfchen einfache Eierkartons nehmen. Diese benötigen dann keine zusätzliche Drainage.
Bei allen anderen Gefäßen werden die Abzugslöcher mit den Scherben eines zerbrochenen Tontopfes abgedeckt. So können sie nicht verstopfen und der Wasserabzug funktioniert. Fixieren Sie nun die Scherben, indem Sie als unterste Lage reinen Sand in die Töpfchen füllen.
In flachen Gefäßen darf diese Drainageschicht nur etwa 0,5 cm hoch sein, in höheren Töpfen ungefähr 2 cm. Damit die Aussaaten nicht austrocknen, sollten Sie Gefäße ohne Haube bis zum Auflaufen der Samen mit Glasscheiben oder Folie abdecken – oder Sie stecken die ganze Saatschale in eine Plastiktüte. Die Abdeckungen werden entfernt, sobald die Pflänzchen das zweite Blattpaar gebildet haben.

Dachkonstruktion

Besser ist es, wenn Sie ein höheres Dach selbst konstruieren. Biegen Sie zwei starke Drähte und stecken Sie sie über Kreuz in den Topf. Darüber spannen Sie eine durchsichtige Folie, die mit einem Gummiband am Topfrand festgehalten wird.

Pflegearbeiten

Pflanzenanzucht im Freiland

Eine Möglichkeit der Pflanzenanzucht ist die direkte Aussaat ins Freiland. Ziehen Sie dafür Saatrillen in Längsrichtung über das Beet. Das geht am einfachsten mit einer Gärtnerschnur, ersatzweise mit zwei angespitzten Holzpflöcken und Paketschnur, die Sie abrollen, während Sie langsam zum anderen Ende des Beetes gehen.

An der Schnur entlang ziehen Sie mit einem Holzstock oder dem Stiel eines Rechens eine etwa 1 cm tiefe Saatrille. Sie können aber auch auf das exakte Abstecken verzichten und stattdessen die Reihen mit einer langen Holzlatte in die Erde drücken.

Wie weit die Saatreihen auseinanderliegen müssen, können Sie auf der Rückseite der Samentüten nachlesen. Das ist bei allen Gemüsearten verschieden. Wenn Sie Ihre Beete erst im Frühjahr mit Kompost versorgen können, füllen Sie etwas Reifekompost in die Saatrillen bzw. Pflanzlöcher, indem Sie ihn dünn mit den Fingern hineinkrümeln. Jetzt können Sie mit dem Säen beginnen. Die heranwachsenden Pflänzchen werden später nachgedüngt.

Aussaat

Die Samen sind in ihrem Aussehen so verschieden wie die Gemüsearten, die aus ihnen wachsen. Der erfahrene Gärtner weiß, wie dick die unterschiedlichen Samen mit Erde bedeckt sein müssen. Der Anfänger wird auf den Samentüten nachsehen, wie tief die Rillen sein sollen. Sogenannte Lichtkeimer werden nur mit der Hand leicht in die Erde gedrückt.

Je nach Form und Größe der Samen gibt es verschiedene Handgriffe, um die Samen nicht zu dicht in die Reihen zu bringen. Größere Samen können Sie aus der Tüte zwischen die Finger nehmen und gleichmäßig in den Rillen verteilen. Sehr kleines Saatgut können Sie ebenso gut verteilen,

Faustregel

Die meisten Samenkörner dürfen nur so hoch mit Erde bedeckt sein, wie sie selbst dick sind. Meistens ist das nur eine dünne Schicht, ausschließlich kräftige Samen dürfen etwas tiefer liegen.

indem Sie es mit ein wenig Sand in der Hand mischen. Sie können aber auch direkt aus der Tüte säen, indem Sie die Samenkörner in spitzem Winkel aus der Tüte in die Erde fallen lassen.

Samen müssen zum Keimen feucht und warm liegen. Deshalb werden sie mit der Hand, einem Holzbrettchen oder dem Rücken eines Rechens leicht an die Erde angedrückt. Dann schließen Sie die Saatreihen mit einer dünnen Schicht Kompost oder Erde und klopfen die Erde behutsam fest.

Die Aussaaten sollten immer mit Namensschildern versehen werden. Sie können Plastik- oder Holzetiketten mit wasserfestem Stift beschriften oder Ästchen oben mit einem Messer spalten und die Samentüten hineinstecken.

Nun muss die Aussaat noch angegossen werden. Gießen Sie nur mit temperiertem Wasser, am besten aus einer Tonne und mit einer feinen Brause. Zu heftige Wassergüsse würden die Samenkörner wieder aus der Erde schwemmen.

Feuchtigkeit

Die Aussaat sollte, bis die ersten grünen Blättchen erscheinen, immer gleichmäßig feucht gehalten werden. Alle Mühe war umsonst, wenn Sie nur einmal während der Keimzeit den Boden austrocknen lassen, da sonst die winzigen Triebe verdorren würden. Wenn Sie Ihre Saat einmal aus den Augen lassen müssen, behelfen Sie sich mit feuchten Säcken, die Sie über die Saatrillen legen. Sobald Sie die Saatreihen erkennen, mulchen Sie den Boden dazwischen – zunächst dünn, später etwas dicker.

Orientierung im Gemüsegarten

Anfängern im Gemüseanbau ist eine sogenannte Markiersaat bei langsam keimenden Samen zu empfehlen. Besonders bei Möhren ist dieser Trick hilfreich. Dazu werden ein paar Radieschensamen mit in die Reihen gestreut. Die robusten Radieschen sind schnellwüchsig, Sie haben auf diese Weise die Saatreihe bald vor Augen. Beim Unkrautjäten können Sie so sichergehen, kein Möhrenpflänzchen, sondern auch wirklich ein Unkraut herauszuziehen.

Pflanzenanzucht im Folientunnel

Je nach Witterung können Sie unter dem Folientunnel ab Mitte März mit den ersten Aussaaten beginnen. An warmen Frühlingstagen lüften Sie, indem Sie nur die Schmalseiten öffnen und die Folie mit Wäscheklammern am ersten Bogen befestigen.
Im Sommer wird die Folie zum Jäten, Gießen und Lüften an den Seiten hochgeschoben. Im Winter ist es ratsam, die Ränder des Tunnels einzugraben, damit die winterharten Gemüse optimal vor Schnee und Regen geschützt sind.

Pflanzenanzucht auf der Fensterbank

Gute Aussaaterde ist die Basis für den Erfolg der Aussaat. Die im Fachhandel erhältlichen Aussaatsubstrate sind optimal geeignet. Sie können Ihre Aussaaterde aber auch selbst herstellen. Mischen Sie dazu zwei Drittel reifen, krümeligen Kompost mit einem Drittel gewaschenem Sand und ein wenig Rindenhumus. Bis zum Rand der Töpfchen muss unbedingt 1 cm Platz bleiben, damit Sie ohne Schwierigkeiten gießen können. Danach drücken Sie das Substrat leicht an und gießen die Erde mit einer feinen Brause.

So gelingt es garantiert

Das Säen auf so kleinem Raum erfordert etwas Fingerspitzengefühl. Seien Sie sparsam mit dem Saatgut und streuen Sie die Körnchen nicht zu dicht. Feine Samen können Sie mit der Spitze eines Messers oder einer angefeuchteten Glasscherbe in die Erde „tupfen".
Die großen Samenkörner der Gurken, Melonen und Zucchini sollten Sie vor der Aussaat über Nacht in lauwarmem Wasser quellen lassen. So können die Keimblätter später leichter durch die Saathülle dringen. Sie wer-

den wie Tomaten- und Paprikasamen einzeln in Töpfe gelegt. Nun übersieben Sie die Aussaat ganz fein mit Erde, drücken die Oberfläche nochmals leicht an und besprühen sie mit einem Wasserzerstäuber.

Nach der Aussaat

Die Pflanzgefäße werden anschließend an einen warmen, hellen Ort gestellt. Ein Südfenster ist allerdings ungeeignet. Wählen Sie möglichst ein Ost- oder Westfenster, das Sie bei zu intensiver Sonneneinstrahlung in der Mittagszeit durch eine Jalousie abblenden können. Die Erde in den Anzuchtgefäßen sollten Sie gleichmäßig feucht halten. Gießen Sie mit Bedacht, denn übermäßige Nässe schadet den Pflänzchen.
Lüften Sie die Aussaat außerdem täglich, indem Sie die Abdeckung für einige Zeit ganz entfernen. Vermeiden Sie dabei jedoch auf jeden Fall eiskalte Luft und Durchzug.

Pflanzenanzucht im Frühbeet

Im Frühbeet können Sie entweder Salat, Kohlrabi, Radieschen und Kräuter für eine frühe Ernte anpflanzen oder Ihre Jungpflanzen preiswert selbst heranziehen. Im Sommer ist dann Platz für wärmeliebende Pflanzen wie Gurken oder Paprika.

Im zeitigen Frühjahr braucht Ihr Frühbeet zusätzlichen Schutz vor den strengen Nachtfrösten. Errichten Sie um den Rahmen herum einen kleinen Wall aus Laub oder Stroh; in sehr kalten Nächten sollten Sie außerdem Bretter oder Schilfmatten auf die Fenster legen.

Bei sonnigem Wetter wird es im Frühbeetkasten sehr warm. Um Krankheiten und Schädlingsbefall zu vermeiden, sollten Sie stets gut lüften, indem Sie die Fenster durch Holzstützen mehr oder weniger aufrichten bzw. abnehmen. Am Nachmittag jedoch sollten Sie die Fenster oder die Folie wieder rechtzeitig schließen, damit die Wärme erhalten bleibt.

Im Frühbeet oder Folientunnel muss der Boden gut gemulcht werden, damit er nicht austrocknen und wärmeliebendes Unkraut nicht aufkommen kann. Gießen Sie möglichst in den späten Vormittags- oder frühen Nachmittagsstunden, denn bis zum Abend sollten die Pflanzen unbedingt wieder vollständig abgetrocknet sein.

Pikieren und Auspflanzen

Sind die Sämlinge so groß, dass man sie gut mit zwei Fingern fassen kann, werden sie in Torftöpfchen, Multitopfplatten oder in flachen Kistchen vereinzelt (sogenanntes Pikieren).

Bevor es losgeht

Bevor Sie mit dem Pikieren oder Umtopfen beginnen, werden die Pflanzen reichlich gegossen. Dadurch lösen sich die Wurzeln leichter aus der Erde.

Die Erdmischung sollte sehr mager sein, dann entwickeln die Jungpflanzen kräftige Wurzeln. Mischen Sie zu gleichen Teilen Reifekompost und reinen Sand.

Stellen Sie die pikierten Sämlinge dann an einen warmen und halbschattigen Ort und halten Sie sie gleichmäßig feucht. Wenn neue Blätter treiben, wissen Sie, dass die Pflänzchen angewachsen sind.

Umpflanzen

Gemüsearten mit längerer Vorkultur, wie z. B. Tomaten und Zucchini, sollten später nochmals in etwas größere Töpfe umgepflanzt werden, sobald der Erdballen fest und von einem dichten Netzwerk feiner Wurzeln eingesponnen ist. Alle anderen Pflänzchen, vor allem Salatpflanzen, können bei günstiger Witterung direkt aus den Saatschalen bzw. Torftöpfchen ins Freiland umgepflanzt werden. Bevor die Setzlinge ihren endgültigen Platz im Freiland einnehmen, sollten sie schrittweise und behutsam abgehärtet werden.

Abhärten

Beginnen Sie mit dem Abhärten der Pflänzchen bereits im Zimmer, indem Sie bei warmer Witterung immer häufiger lüften. Nach einigen Tagen können Sie die Pflanzen bei mildem Wetter tagsüber ins Freie tragen. Wenn Sie sie im Frühbeet angezogen haben, nehmen Sie die Fenster über Tag ab und legen Sie sie erst am Abend wieder auf. Zuletzt lässt man die Pflanzen Tag und Nacht im Freien.

Auspflanzen

Ausgepflanzt wird an einem trüben Tag oder in den Abendstunden. In der hellen Sonne werden die Pflänzchen leicht welk. Lösen Sie die feuchten Wurzelballen aus den Töpfen und halten Sie den Setzling in das mit der Kelle ausgehobene Pflanzloch. Nun wird das Pflanzloch wieder mit Erde aufgefüllt, die Erde rund um die Pflanze angedrückt und mit einem weichen, wohl dosierten Wasserstrahl gut angegossen.

Lenken Sie den Wasserstrahl direkt auf das Erdreich über den Wurzeln. Nehmen Sie dazu die Brause ab, schließlich soll das Pflänzchen nicht überbraust werden, sondern trocken bleiben. Die Pflanzgrube sollte nicht zu klein sein, die Wurzeln dürfen an keiner Stelle abgebogen werden. Wenn Sie in das Pflanzloch zusätzlich eine Handvoll reifen Kompost geben, erhält der Setzling eine gute Starthilfe.

Setzen Sie die Jungpflanzen so tief in die Erde, wie sie vorher in den Töpfchen standen. Nur bei Tomaten dürfen die Stängel ganz im Erdreich verschwinden, da sie an dem Stängelteil, der im Boden ist, zusätzlich Wurzeln entwickeln. Streuen Sie zwischen den kleinen Pflanzen eine dünne Mulchdecke aus, damit die Bodenfeuchtigkeit erhalten bleibt.

Am besten eignet sich dafür feiner, angetrockneter Rasenschnitt. Vermeiden Sie eine

Eisheiligen

Alle frostempfindlichen Pflanzen dürfen erst nach Eisheiligen auf die Gartenbeete. In raueren Gegenden sollten Sie nicht vor dem 20. Mai mit dem Auspflanzen beginnen.

allzu dicke Lage oder große Blätter zum Mulchen, denn darunter finden Schnecken, die Jungpflanzen mit Genuss verzehren, einen idealen Unterschlupf.

Gedüngt wird in diesem Stadium höchstens mit etwas stark verdünnter Brennnesseljauche. Das geschieht aber erst dann, wenn die Jungpflanzen richtig angewachsen sind und neue Blätter bilden.

Auspflanzen ins Hügelbeet

Auf einem neu angelegten Hügelbeet sollten Sie in den ersten beiden Jahren kein Gemüse pflanzen, das eine Tendenz zu Nitratanreicherung hat, wie Spinat, Rettich, Radieschen und Kopfsalat. Überdüngung und zu hoher Nitratgehalt wären die Folge. Ab dem dritten Jahr jedoch darf man alle Gemüsesorten und Salate auf dem Hügelbeet pflanzen. Hohe Gewächse, etwa Tomaten, erhalten ihren Platz auf dem Rücken des Hügels, rundherum genießen Sellerie, Lauch, Salate und noch viele andere Gemüsesorten die Vorzüge eines Hügelbeetes. Bauen Sie in den ersten beiden Jahren nur Starkzehrer wie z. B. Gurken, Tomaten, Kohl, Sellerie, Lauch und Kürbisgewächse an. Sie finden dort optimale Wachstumsbedingungen vor.

Hügelbeete trocknen wegen ihres lockeren Drainagekerns rasch aus, deshalb sollten Sie in heißen Sommerwochen kräftig gießen. Solange im Frühjahr die Pflanzen noch klein sind und die Erde mit ihren Blättern noch nicht bedecken können, sorgt eine Mulchschicht auf dem Beet für die nötige Feuchtigkeit.

Schutz der Setzlinge

Frisch verpflanzte Setzlinge neigen in den ersten Tagen zum Welken. Schützen Sie sie deshalb in dieser Zeit mit Schattenleinen oder Hütchen aus Zeitungspapier vor allzu starken Sonnenstrahlen.

Mulchen

Mulchen bedeutet, den Boden zu bedecken, um seine Feuchtigkeit zu erhalten und das Unkraut unter Kontrolle zu halten. Es ist keine Düngung im eigentlichen Sinn, die damit verbundene Nährstoffzufuhr hat jedoch einen ähnlichen Effekt. Organisches Mulchmaterial, wie Kompost, Laub oder Rasenschnitt, ist zugleich Futter für Regenwürmer und andere nützliche Bodentiere. Außerdem hilft eine Mulchdecke, die Früchte kriechender Gemüsearten sauber zu halten und sie vor Krankheitskeimen zu schützen. Denken Sie nur an die trockene Strohschicht unter reifen Erdbeeren. Mulch hält den Boden im Sommer kühl und im Winter warm; unter einer Mulchdecke bleibt der Boden locker und lebendig.

Material

Doch womit mulcht man? Verwenden Sie zerkleinerte, pflanzliche Abfälle wie Grasschnitt, altes Stroh, Laub, Unkraut ohne Samen oder getrocknete Blätter von Gemüse- und Blumenbeeten.

Dieses Material wird als lockere Decke auf den Beeten und zwischen den Pflanzreihen ausgebreitet. Ist es schon leicht verrottet, lässt es sich leichter verteilen. Rasenschnitt sollten Sie erst einen Tag abtrocknen lassen, sonst bildet sich eine pappige Masse.

Eine andere Möglichkeit des Mulchens ist die Flächenkompostierung mit angerottetem, halb reifem Kompost. Er wird ausgestreut und dünn mit Gras oder zerkleinerten Pflanzenteilen abgedeckt.

Spezialmulch

Brennnesselschnitt und Beinwellblätter liefern einen besonders nahrhaften Spezialmulch. Brennnesseln tragen zu gutem Humus bei, Tomaten gedeihen besonders prächtig auf kalihaltigem Beinwellmulch. Beide Kräuter sollten Sie kontrolliert in Ihrem Garten anpflanzen – etwa am Rand des Kompostplatzes.

Schließlich stellt auch die Gründüngung eine optimale Bodenbedeckung dar. Senfsaat oder Leguminosen bilden zunächst einen lebenden Pflanzenteppich. Später wird die Gründüngung abgemäht und bleibt als grüne Decke auf dem Beet liegen.

Unbedingt beachten

Mulchen Sie nie, wenn der Boden sehr kalt, sehr nass oder sehr trocken ist, denn durch Mulchen wird der Zustand des Bodens erhalten. In der Regel ist die beste Gelegenheit

zum Mulchen die Zeit nach dem Pflanzen. Wenn Sie im Sommer den Boden vor dem Mulchen ausgiebig wässern, brauchen Sie kaum noch zu gießen.
Bevor Sie mulchen, sollten Sie die Erde mit einer kleinen Hacke oder einem Grubber leicht aufharken. Die Mulchdecke wird locker und nicht zu dick aufgetragen, damit Regenwasser und genügend Sauerstoff hindurchdringen können. Normalerweise reicht schon eine Schicht von 5 cm aus. Nur sehr leichtes, trockenes Material, etwa Strohstreu, dürfen Sie dicker auftragen. Packen Sie die Pflanzen aber nicht „bis zum Hals" in Mulch ein, sondern lassen Sie dem Stängel ein wenig Luft.
Im Spätsommer und im Herbst arbeitet man die Reste der Mulchdecke in den Boden ein. Dann werden alle abgeernteten Beete mit neuem Mulch winterfest zugedeckt. Im Frühling ziehen Sie die Mulchdecke nur mit dem Rechen beiseite. Der Boden darunter ist feinkrümelig und bereit für neue Kulturen.

Naturgemäß düngen

Auch in einem biologisch bewirtschafteten Garten dürfen Gemüse, Obst und Blumen nicht einfach ihrem Schicksal überlassen werden. Wer dicke, feste Kohlköpfe und schmackhafte Tomaten ernten möchte, muss sein Gemüse richtig pflegen und mit Nährstoffen versorgen.
Industriell hergestellte mineralische Dünger enthalten die Hauptnährstoffe Stickstoff, Phosphor und Kali in hoher Konzentration und in einer für Pflanzen leicht verfügbaren Form. Dadurch werden die Pflanzen zu raschem Wuchs angeregt. Der Nachteil ist jedoch, dass die Widerstandskraft der Gewächse gegen Krankheiten und Schädlinge oft nachlässt und das aufgeschwemmt wirkende Gewebe weniger nahrhaft ist.
Da die Pflanzenernährung von außen erfolgt, wird das Bodenleben nicht mehr gefordert. Die wertvolle Gartenerde verarmt, denn

chemische Dünger allein sind nicht in der Lage, neuen Humus zu bilden.

Der Grundstock zu einer biologischen Düngung ist der eigene Kompost, der vorzugsweise im Herbst auf die Beete ausgebracht wird und für ein gesundes Bodenleben und Pflanzenwachstum sorgt. Neben dem Kompost spielt auch die Gründüngung eine wichtige Rolle. Sobald ein Beet nicht sofort wieder angesät oder bepflanzt wird, sollten Sie Gründüngung einsäen.

Die abgeschnittene Grünmasse dient im Anschluss als ausgezeichnete Flächenkompostierung. Noch wertvoller ist jedoch das in der Erde zurückbleibende Wurzelwerk, denn es reichert die Erde mit organischer Substanz an, durchlüftet auch tiefere Bodenschichten und reguliert den Wasserhaushalt.

Vor allem in der Zeit, in der Sie Ihren Gemüsegarten auf die biologische Methode umstellen und der Boden noch humusarm ist, brauchen Erde und Pflanzen zusätzliche Nahrung in Form von organischem Dünger. Das gilt vor allem für die sogenannten Starkzehrer wie Kohl, Gurken, Kürbis, Melone, Sellerie, Tomaten und auch Kartoffeln.

Im Gegensatz zu den Mittelzehrern (Karotten, Salate, Fenchel, Spinat, Knoblauch und Zwiebeln) und den Schwachzehrern (Bohnen, Erbsen) benötigen sie eine Extraportion Nährstoffe. Mischen Sie also in diesen Fällen organischen Dünger unter die Gartenerde. Das sind Düngemittel tierischer oder pflanzlicher Herkunft wie Pferde- oder Kuhmist, Hornspäne und Rizinusschrot, aber auch Flüssigdünger wie z. B. die häufig verwendete Brennnesseljauche.

Bevor Sie jedoch beginnen, Nährstoffe oder Kalk über die Beete zu streuen, müssen Sie über Ihre Gartenerde ganz genau Bescheid wissen. Dort, wo die natürlichen Vorräte ausreichen, würde eine zusätzliche Düngung mit organischen Mitteln nur Schaden anrichten. Wo aber Mangel an einem ganz bestimmten Nährstoff herrscht, müssen Sie gezielt nachhelfen. Sobald Sie die Zusam-

Scharfer Dung

Hühner-, Tauben- oder Entendung ist sehr scharf. Er muss immer erst kompostiert oder als Jauche angesetzt werden, sonst kann er an den Pflanzen Verbrennungen verursachen.

mensetzung Ihrer Gartenerde kennen, können Sie den Dünger ausbringen, den sie braucht.

Organische Dünger

Rinder- und Pferdemist sowie Horn-Blut-Knochenmehl sind organische Volldünger, die Stickstoff, Phosphor und Kali enthalten.

Mist wird zuerst in Mieten aufgesetzt und kompostiert. In die Zwischenlagen kommt Erde oder ein wenig Tonmehl, jedoch auf keinen Fall Kalk. Rindermist mit Stroheinstreu ist am besten. Er sollte wie jeder andere Mist von Tieren stammen, die artgerecht gehalten werden. Verrotteter Rinder- oder Pferdemist ist ein ausgezeichneter Nährstofflieferant für Gurken, Tomaten und andere Starkzehrer.

Horn-Blut-Knochenmehl können Sie im Handel gebrauchsfertig kaufen. Es wird ausgestreut und unter die Gartenerde gemischt. Da es sich im Boden nur langsam auflöst, eignet es sich gut als lang wirksame Vorratsdüngung.

Hornmehl, Hornspäne und Rizinusschrot sind natürliche Dünger mit sehr viel Stickstoff. Horndünger enthalten auch reichlich Phosphor, aber kein Kali. Rizinusschrot, aus der tropischen Rizinuspflanze gewonnen, enthält dagegen Kali. Diese stickstoffbetonten Dünger eignen sich für alle Stark- und Mittelzehrer im Gemüsegarten.

Knochenmehl, Geflügelmist und Peru-Guano besitzen einen sehr hohen Phosphoranteil. Geflügelmist sollte immer aus artgerechter Kleintierhaltung stammen. Im weitesten Sinne ist auch Peru-Guano Geflügelmist. Er wird an den Küsten Perus gewonnen, wo Seevögel ihren Kot an manchen Stellen meterhoch ablagern.

Achten Sie darauf, dass dem Guano kein Hühnermist beigemischt wurde. Der reine Guano ist sehr wertvoll, Sie benötigen davon nur kleine Mengen.

Holzasche können Sie gezielt bei Kalimangel einsetzen. Sie können sie im Handel kaufen, aber auch Asche aus Ihrem eigenen offenen Kamin verwenden. Allerdings dürfen Sie kein

Schutz für Kleintiere

Decken Sie das Gefäß für die Brennnesseljauche unbedingt mit einem Drahtgeflecht in einem Holzrahmen ab, damit keine Vögel oder Kleintiere in der Jauche ertrinken. Den Holzrahmen können Sie leicht abnehmen oder hochklappen, wenn Sie die Jauche umrühren wollen.

anderes Material als Holz, etwa Brikett, mit verbrannt haben.

Stein- und Tonmehle sowie Kalk sind – streng genommen – keine Nährstofflieferanten, sondern Bodenverbesserungsmittel. Kalk ist in vielen organischen Düngern schon enthalten; bereits kleine Mengen gleichen eine leichte Übersäuerung des Bodens aus. Steinmehle fördern die Bodenfruchtbarkeit durch ihren hohen Gehalt an Spurenelementen. Eine Handvoll Gesteinsstaub, ins Pflanzloch oder zwischen die Kulturen gestreut, kann nur Gutes bewirken.

Brennnesseljauche

Ein besonderes Kapitel sind die Naturdünger zum Nulltarif: die Jauchen. Diese Flüssigdünger wirken an den Pflanzen wahre Wunder, ohne sie zu übermäßigem Wuchs anzutreiben und den Boden zu überdüngen.

Gerade für den Beginn Ihrer Gärtnerlaufbahn ist die Brennnesseljauche sehr empfehlenswert. Wenn Sie Brennnesselbrühe an die Wurzeln Ihrer Tomaten gießen, können Sie geradezu mitverfolgen, wie diese Nährlösung auf das Pflanzenwachstum wirkt. Reine Brennnesseljauche sowie gemischte Pflanzenjauchen (ein Teil Brennnesseln und ein Teil gemischte Wild- und Gartenkräuter) können Sie mehrmals während der Vegetationsperiode an Ihre stark wachsenden Pflanzen gießen.

Die Herstellung ist denkbar einfach: Zum Ansetzen der Jauche nehmen Sie möglichst ein Holzfass, aber auch Ton-, Steingut- oder Plastikgefäße eignen sich gut. Dagegen dürfen Sie wegen der chemischen Verbindungen, die beim Gärungsprozess entstehen würden, auf keinen Fall einen Behälter aus Metall verwenden.

Brennnesseln können Sie zwei- bis dreimal im Jahr, jeweils vor der Blüte, schneiden. Für die Herstellung der Jauche benötigen Sie 1 kg frisches Kraut (etwa einen Armvoll) auf 10 l abgestandenes Wasser bzw. Regenwasser. Oder Sie füllen einfach die Tonne mit Kraut, drücken es leicht an und gießen Regenwasser auf, bis sie voll ist.

Wenn Sie das Kraut klein hacken, verläuft die Gärung schneller. Beschweren Sie die Kräu-

ter, vor allem wenn sie trocken sind, mit einem Stein, damit sie von Wasser bedeckt sind. Auch das fördert eine rasche Gärung.
Die Jauche muss täglich mindestens einmal kräftig umgerührt werden, und zwar so, dass möglichst viel Sauerstoff in die Brühe gelangt. Geben Sie ungefähr 24 Stunden nach dem Ansetzen eine gute Handvoll Steinmehl auf 10 l Flüssigkeit sowie evtl. einige Tropfen Baldrianblütenextrakt hinzu. Diese Maßnahme hilft wesentlich, den kräftigen Geruch der Jauche abzumildern.
Wenn Sie das Fass in der Sonne aufstellen, reift die Jauche schneller als im Schatten. Sie ist vergoren, sobald sie eine dunkle Färbung angenommen hat, nicht mehr schäumt und die Geruchsbildung nachlässt. Von diesem Zeitpunkt an können Sie das Fass mit einem Deckel verschließen.
Die Brennnesseljauche ist nun lange Zeit haltbar und jederzeit verfügbar. Vor der Anwendung sollte sie allerdings mindestens im Verhältnis 1:10 mit Wasser verdünnt werden.
Wenn die Brennnesselbrühe zur Pflanzenstärkung über die Blätter gebraust werden soll, gießen Sie sie vorher durch ein feines Sieb, damit die Pflanzenrückstände nicht die Düsen der Brause verstopfen.
Meistens jedoch gießt der Gärtner die nahrhafte Flüssigkeit mit breitem Strahl direkt in den Wurzelbereich der Pflanzen, wo die Pflanzenrückstände nicht stören. Die meisten Pflanzen im Gemüsegarten können mit dieser preiswerten und schnell wirkenden Nährlösung gedüngt werden. Nur Bohnen, Erbsen, Zwiebeln und Knoblauch mögen die stickstoffreiche Düngung nicht.

Smoothies

Lecker und richtig gesund ist diese trendige Zwischenmahlzeit: Smoothies. Die feinsämig pürierten Früchte und Gemüse zum Trinken stehen inzwischen in fast jedem Supermarkt-regal. Und nicht nur im Winter ist dieser Extra-Schluck Vitamine eine willkommene Abwechslung zu Obstsalat, Gemüsesticks & Co. Auch im Sommer schmecken die cremigen Drinks herrlich erfrischend und sind der Renner auf jeder Gartenparty. Übrigens: Es ist gar nicht so schwer, sich Smoothies selbst zu mixen. Im Folgenden ein paar einfache Rezepte für jeweils eine Person.

Asia-Smoothie

Zutaten: 100 g Möhren, 1 Saftorange, $^1/_2$ Esslöffel Ahornsirup, 1 Teelöffel Rapsöl, 1 Stück frischer Ingwer, $^1/_2$ Limette, 1 Messerspitze Cayennepfeffer

Zubereitung: Möhren schälen und in kochendem Wasser etwa 20 Minuten weich kochen; abkühlen lassen. Orange auspressen. Ingwer schälen und fein reiben. Limette auspressen. Möhren, Ahornsirup, Öl und Ingwer im Mixer fein pürieren. Mit Orangen- und Limettensaft vermischen und mit Cayennepfeffer würzen. Den Drink in ein Glas füllen.

Scharfe Tomate

Zutaten: $^1/_2$ Bund Dill, 180 ml Tomatensaft, 1 Spritzer Tabasco, 1 Teelöffel Rapsöl, 1 Prise Zucker, Salz

Zubereitung: Dill und Anchovis abspülen, trocken tupfen und klein schneiden. Alle Zutaten in einen Mixer geben, fein pürieren und mit Salz abschmecken. Das Getränk in ein Glas füllen. Evtl. eine Tomate in dünne Scheiben schneiden und das Glas damit dekorieren.

Exotic Dream

Zutaten: $^1/_2$ Mango, $^1/_4$ kleine Ananas, $^1/_2$ Banane, 100 g Möhren, 100 ml Orangensaft

Zubereitung: Möhren schälen und in kochendem Wasser etwa 20 Minuten weich kochen; abkühlen lassen. Mango, Ananas und Banane klein schneiden und zusammen mit den weichen Möhren in einem Mixer fein pürieren. Mit dem Orangenschaft vermischen und in ein Glas füllen.

Biologischer Pflanzenschutz

Wenn Sie in Ihrem Garten das Bodenleben verbessert und durch geeignete biologische Anbau- und Düngemaßnahmen optimale Verhältnisse für ein gesundes Pflanzenwachstum geschaffen haben, ist der erste Schritt zu einem schädlingsfreien Garten getan. Grundsätzlich muss im Nutzgarten aber mit unerwünschten Nutznießern gerechnet werden.

Lebensraum für Nützlinge

Ein wichtiger Beitrag zum Pflanzenschutz besteht darin, für Nützlinge Lebensräume in unseren Gärten zu schaffen. Nützliche Insekten sind z. B. Flor- und Schwebfliegen, deren Larven Blattlausfeinde sind. Sie sind auf Nahrungsquellen angewiesen, die Sie in Ihrem Garten kultivieren sollten: Wiesenkerbel, Petersilie, Dill, Phacelia und Lippenblütler. Stein- und Asthaufen dienen Schneckenfressern, wie Igel, Blindschleiche, Eidechse und Erdkröte, als idealer Unterschlupf. Auch Mäusevertilger, wie Iltis und Wiesel, schätzen Behausungen dieser Art. Hecken mit einheimischen beerentragenden Büschen und Nistkästen locken Vögel an, die Insekten in Schach halten. Aber auch Mischkulturen mit Kräutern wehren Schädlinge ab.

Stärkung der Pflanzen

Tritt im Garten dennoch eine Krankheit oder ein Schädlingsbefall auf, sollten Sie zunächst alles tun, um die betroffenen Pflanzen zu stärken und widerstandsfähiger zu machen. Lockern, wässern und mulchen Sie das Beet und gönnen Sie den Pflanzen einen kräftigen Düngeguss Pflanzenjauche. Versuchen Sie zunächst durch Gitter und Fallen sowie durch Absammeln und Entfernen befallener Pflanzenteile die Schädlinge zu verringern. Sollten diese Maßnahmen nicht die gewünschte Wirkung zeigen, können Sie pflanzliche Schädlingsbekämpfungsmittel selbst herstellen und die Pflanzen damit behandeln.

In der folgenden Tabelle finden Sie die häufigsten tierischen Schädlinge und die Maßnahmen, die Sie gegen sie anwenden können.

Biologische Maßnahmen gegen die häufigsten Schädlinge

Ameisen	■ Pflanzenjauche sprühen ■ Algenkalk stäuben ■ heißes Wasser in die Nester gießen ■ Ameisenstreumittel
Erdflöhe	■ Boden feucht halten ■ mit Algenkalk oder Gesteinsmehl bestäuben ■ zweimal wöchentlich Pflanzjauche oder -brühe sprühen
Erdraupen	■ Erde hacken und Raupen sammeln ■ Rainfarn- oder Wermutjauche rund um die Pflanzen gießen ■ Fadenwürmer im Boden ■ Studenten- und Ringelblume pflanzen
Kartoffelkäfer	■ regelmäßig absammeln ■ mit Brennnesseljauche gießen ■ Pflanzen mit Algenkalk bestäuben
Kohlfliege	■ Mischkultur mit Tomaten vertreibt den Schädling ■ Pflanzen mit Kräuterjauche gießen ■ Pflanzen mit Gesteinsmehl oder Algenkalk bestäuben ■ Kohlkragen aus runden Scheiben Teerpappe herstellen: an einer Stelle bis zur Mitte aufschneiden und um den Stängel der betroffenen Pflanze legen ■ Gemüsefliegennetz
Kohlweißling	■ Eier und Raupen regelmäßig absammeln ■ vorbeugend mit Wermutjauche oder Tomatenblätterauszug spritzen ■ Raupenspritzmittel
Lauchmotte	■ befallene Blätter zurückschneiden ■ mit Rainfarnjauche besprühen ■ in Mischkultur mit Möhren und Sellerie anbauen ■ mit Bacillus-thuringiensis-Präparaten spritzen ■ Gemüsefliegennetz

Biologische Maßnahmen gegen die häufigsten Schädlinge	
Läuse	■ Boden häufig lockern und gießen ■ Läuse abstreifen und zerdrücken bzw. mit kaltem Wasserstrahl aus dem Gartenschlauch abwaschen ■ Spritzen mit Kräuterjauche oder -brühe bzw. Schmierseifenlösung ■ biologisches Pflanzenschutzmittel aus dem Handel
Nacktschnecken	■ schneckenabwehrende Pflanzen, etwa Senf oder Kapuzinerkresse, als Zwischenkultur aussäen ■ Farn- und Tomatenblätter als Bodendecke auslegen ■ Schneckenzaun aufstellen ■ Ring aus Sägemehl oder scharfem Sand um Gurken- oder Salatpflanzen streuen ■ feuchte Säcke, Bretter oder glatte Blätter auslegen und Schnecken darunter absammeln
Wühlmäuse	■ Geruchsbelästigung erzeugen: Thujazweige, Knoblauchzehen oder Fischköpfe in die Gänge legen bzw. Holunderblätterjauche hineingießen ■ Geräuschbelästigung erzeugen: kräftige Eisenstange in die Erde eingraben und mehrmals täglich mit dem Hammer dagegen schlagen ■ Fallen aufstellen und pflanzliche Giftköder auslegen

Ernten und Konservieren

Im Herbst ist es an der Zeit, Gründüngung einzusäen bzw. frei werdende Beete zu lockern und mit Humus zu versorgen. Wer auf einen milden Winter hofft, sät noch einmal Radieschen, Feldsalat, Spinat und Winterportulak, vorzugsweise in ein Frühbeet. Hauptsächlich werden Sie aber alle Hände voll zu tun haben, die Ernte zu konservieren, damit sie einen ganzen Winter über erhalten bleibt. Eingelagertes Gemüse ist durchaus vergleichbar mit frisch geernteten Früchten. Wenn Sie Ihr Gemüse im Freien überwintern oder im Keller einlagern, bleiben Nährstoffe und Aroma am besten erhalten.

Überwinterung im Freien

Frostharte Sorten von Wintergemüse, wie Porree, Grün- und Rosenkohl, bleiben auf den Beeten stehen; Feldsalat, Endivie, Winterpostelein und Zuckerhut können unter einem Folientunnel oder einer Abdeckung aus Reisig bis Januar ausdauern.
Pastinaken, Schwarzwurzeln und Topinambur sollten immer im Freien überwintern, da sie im Keller zu schrumpeln anfangen. Diese Gemüsesorten gewinnen sogar an Geschmack, wenn sie einmal durchfrieren. Schlagen Sie sie am besten in einem Frühbeet oder in einer flachen Grube ein, die Sie mit Maschendraht gegen Mäusefraß auslegen. Die Wurzelgemüse werden auf eine Lage Stroh gebettet und mit Maschendraht und dicht gelegtem Fichtenreisig abgedeckt. Kohlköpfe werden mit einem Kopf nach unten in einer spatentiefen Grube eingeschlagen, mit einem kleinen Erdwall, aus dem die Strünke herausragen, abgedeckt und mit einer zusätzlichen Lage Stroh versorgt.

Lagerung im Keller

Die Keller unserer modernen Häuser bieten keine optimalen Lagerungsbedingungen mehr für Gemüse. Jedoch lassen sich Wurzelgemüse und Kartoffeln einigermaßen sicher über den Winter bringen, wenn der Lagerraum nach Norden liegt und durch geeignete Lüftung Temperatur und Feuchtigkeit geregelt werden können. Durchlaufende Heizrohre sollten gut isoliert, der Boden des Lagerbereichs wenigstens mit Lehm gestampft oder mit Backsteinen ausgelegt sein. Möhren, Rote Bete, Petersilienwurzeln und Sellerie werden in mäßig feuchten Sand so eingeschlagen, dass eine Durchlüftung noch möglich ist. Lagerkartoffeln liegen in einer dunklen Ecke auf dem offenen Boden oder in Horden. Während für alles Gemüse eine Lagertemperatur unter 4 °C günstig ist, sollte das Thermometer im Kartoffelkeller nicht unter diese Marke sinken, da die Knollen sonst süß werden.
Wenn Sie keinen geeigneten Keller haben, lässt sich Gemüse in speziellen Truhen einlagern, die bis zum Deckel in der Erde vergraben werden. Sie können aber auch Ton- und Steingutgefäße oder eine ausgediente Wäschetrommel eingraben, um einen Keller zu ersetzen. Am solidesten ist eine etwa 70 cm tiefe Erdkammer mit Wänden aus Ziegelsteinen.

Lagern und Einmachen

Wählen Sie zum Lagern und Einmachen nur Gemüse ohne Fäulnisstellen aus. Ernten Sie am besten an trockenen Tagen, denn nasse Pflanzen faulen schneller.

Pflanzenkunde von A–Z

Blattsalate

Endivie

Cichorium endivia

Der Endiviensalat, unter dem man meist die Winterendivie versteht, ist der bekannteste Vertreter der Zichoriensalate. Wie Chicorée, rotblättriger Radicchio und Zuckerhut haben auch die Endiviensalate einen leicht bitteren Geschmack. Es gibt glattblättrige und krausblättrige Sorten mit unterschiedlichen Reifezeiten. Die beliebtesten Sorten der Winterendivie sind „Bubikopf“, „Escariol grüner“ und „Frisée“.

Standort: Je enger die Pflanzen stehen, desto eher bleicht das Innere von selbst. Endiviensalate brauchen viel Licht und einen stets feuchten Boden.

Pflege: Sommerendivien werden wie Kopfsalat ab März/April ausgesät und bis spätestens Anfang August in ein mit Kompost und Steinmehl versorgtes Beet verpflanzt. Düngen Sie mit Pflanzenjauche nach und bestäuben Sie die Köpfe des Endiviensalates mit Steinmehl, damit sie nicht so leicht zu faulen beginnen.

Ernte und Verwendung: Endivien sollten so lange wie möglich auf den Beeten bleiben. Schützen Sie die Köpfe mit einer Plastikfolie und ernten Sie sie nur in trockenem Zustand. Die letzten Salatköpfe können mit den Wurzeln in feuchtem Sand eingeschlagen werden und im Keller überwintern. Sie können Endiviensalat bleichen, indem Sie ihm einfach für zehn bis zwölf Tage einen Topf über den Kopf stülpen. Die Blätter werden zart und gelb, jedoch gehen auch wichtige Inhaltsstoffe verloren.

Feldsalat oder Rapunzel

Valerianella locusta

Die bescheidene kleine Pflanze aus der Familie der Baldriangewächse wird schon seit Jahrhunderten als Salat kultiviert. Feldsalat ist frosthart, darum zieht man ihn vorwiegend als Herbst- und Wintersalat. Besonders frostharte, mehltauresistente Sorten sind „Dunkelgrüner Vollherziger" und „Hilds VIT".

Standort: Feldsalat kommt beinahe mit jedem Boden aus, wenn das Beet mit Kompost vorbereitet wurde. Als Nachkultur gedeiht Rapunzel gut auf Kartoffelbeeten.

Pflege: Säen Sie möglichst bei kühlem Wetter oder schattieren Sie das Beet, sonst keimen die Samen unregelmäßig.

Ernte und Verwendung: Sie können Feldsalat wie Pflücksalat gut von Herbst bis Frühling ernten. Eine größere Ausbeute erhalten Sie jedoch, wenn Sie die ganzen Rosetten ernten. Für die Ernte im Winter und Frühjahr nimmt man im Herbst mehrere Folgesaaten vor, am besten im Frühbeet. Aber auch unter Fichtenreisig und Folie erhält man bei geschlossener Schneedecke frischen Feldsalat. Rapunzel hat einen weitaus höheren Vitamin-C- und Eisengehalt als Kopfsalat.

Kopfsalat

Lactuca sativa var. capitata

Bei den Kopfsalaten unterscheidet man zwei Sorten: den „Grünen Salat" und den „Eissalat". Eissalat wird auch „Eisbergsalat" oder wegen seiner knackigen Blätter „Krachsalat" genannt. Grüner Salat ist zart und mild im Geschmack. Er kommt besser als die meisten Salatarten mit einem geringeren Lichtangebot zurecht, weshalb es auch viele Wintersorten gibt, etwa „Maiwunder" oder „Winterbutterkopf". Lernen Sie aber auch die roten Sorten kennen. Sie schießen nicht so schnell bei Hitze und bringen leuchtende Farben in den Gemüsegarten.

Übrigens: Der Eissalat hat ein kräftigeres Aroma als der Grüne Salat und ist gerade deshalb sehr beliebt. Bei den Eissalatsorten unterscheidet man den „Laibacher Eis", der sehr mehltau- und virusresistent ist, den „Lüneburger Eis" und den ebenfalls mehltauresistenten „Great Lakes".

Standort: Kopfsalat benötigt kein eigenes Beet, er kann als Nebenkultur angepflanzt werden. Geben Sie ihm einen sonnigen Platz, da er im Schatten leider keine festen Köpfe bildet.

Geeignete Nachbarn

Kopfsalat schützt seine Nachbarn vor Erdflöhen. In dafür anfälligen Kulturen können Sie einige Kopfsalate als „Köderpflanzen" einsetzen. Petersilie und Kopfsalat sind sich allerdings spinnefeind.

Pflege: Der Kopfsalat hat keine hohen Ansprüche. Bereiten Sie das Beet im Herbst mit Kompost vor und geben Sie während der Vegetationsperiode Pflanzenjauche in den Wurzelbereich. Wichtig ist zudem ausreichend Feuchtigkeit für die Pflanzen, vor allem auf Beeten, die nicht gemulcht sind. Der Eissalat hat einen etwas höheren Nährstoffbedarf und sollte deshalb mit Brennnesseljauche nachgedüngt werden.
Ernte und Verwendung: Im März und April wird der Frühlingskopfsalat, von April bis Juli werden die Sommersorten gesät. Die Jungpflanzen brauchen dann zwischen fünf und sieben Wochen, bis sie ausgewachsen sind. Der Eissalat wird von Mai bis Anfang Juli ausgesät und braucht bis zur Ernte durchschnittlich zehn Tage länger als Grüner Kopfsalat. Eissalat ist zwar nicht frostfest, dafür verträgt er aber mehr Sonne und eignet sich besser zur Lagerung im Kühlschrank.

Pflück- und Schnittsalat

Lactuca sativa var. secalina

Pflück- bzw. Schnittsalat wächst in lockeren Rosetten und bildet keine Köpfe. Schnittsalatsorten sind der „Hochblättrige Butter“ und der „Australische Gelbe“; zu den Pflücksalaten gehören der „Amerikanische Braune“ und „Slobot Sperling's Salli“. „Salad Bowl“ ist sehr dekorativ und eignet sich hervorragend als dekorative Zwischenkultur oder hübsche Beeteinfassung.
Standort: Die Pflanzen wachsen auch noch gut im Halbschatten. Säen Sie immer wieder einmal eine Reihe nach, damit keine Lücke entsteht.
Pflege: Pflück- oder Schnittsalate werden wie Kopfsalat behandelt.
Ernte und Verwendung: Schnittsalate schneiden Sie mit den Herzblättern ab, sie wachsen also nicht nach. Beim Pflücksalat werden immer nur die äußeren Blätter abgepflückt, dadurch sind zahlreiche Ernten möglich. Sie werden noch bis in den späten Herbst hinein geerntet.

Zichoriensalat

Cichorium intybus var. foliosum

Zur Familie der Zichoriensalate gehören äußerst vielgestaltige, meist mehrjährige

Pflanzen, etwa der Chicorée, der rotblättrige Radicchio und der Zuckerhut. Die meisten Sorten (und Samen) sind jedoch nur in Italien erhältlich. Dennoch sind viele Zichoriensalate frostbeständiger als gemeinhin angenommen. Sie werden relativ selten von Schädlingen oder Krankheiten befallen, sind einfach zu kultivieren und werden gerade dann geerntet, wenn heimischer Salat aus dem eigenen Garten Mangelware ist: vom Herbst bis zum Frühjahr. Ziehen Sie in Ihrem Garten dunkelroten Radicchio oder den hohen Zuckerhut heran, und Sie werden sogar im Winter vitaminreiche Salate ernten können. Dann kommt auch der bei uns bekannte Treibchicorée auf den Tisch, dessen lange, kräftige Wurzeln im Herbst aus dem Boden genommen und in einem mäßig warmen Raum bei völliger Dunkelheit angetrieben werden, wobei sich die weißen Chicoréezapfen bilden. Sehr dekorativ sind die rotblättrigen Sorten des Treibchicorée. Übrigens: Auch die hellblauen Blüten des Chicorées sind essbar und die optische Krönung eines jeden Blattsalates.

Standort: Zichoriensalatpflanzen sind besonders anspruchslos. Sie bevorzugen einen sonnigen Standort und einen tiefgründigen Boden. Der Zichoriensalat samt sich selbst aus, dennoch ist es besser, Sie behandeln ihn als einjährige Pflanze und ziehen ihn jedes Jahr neu heran.

Pflege: Decken Sie die Köpfe des Radicchios während des Winters mit Folie oder Reisig ab, um sie vor Frost zu schützen. Sorgen Sie jedoch für eine gute Belüftung und entfernen Sie jedes faule Blatt sofort. Zuckerhut deckt man mit Stroh oder einer Schutzhaube ab bzw. pflanzt ihn gleich ins Frühbeet. So hält er oft bis in den Winter hinein.

Ernte und Verwendung: Ende Oktober graben Sie die Chicoréewurzeln aus, entfernen die grünen Blätter bis auf das Herz und schlagen die Wurzeln an einem kühlen Ort aufrecht stehend in ein Gefäß ein. Im Dunkeln wachsen dann die weißen Chicoréezapfen. Radicchio kann von Herbst an geerntet werden. „Veroneser" bleibt im Freiland und kann von Dezember bis März geschnitten werden. Bei Frost sollten Sie ihn mit Reisig abdecken. „Palla Rossa" wird von Oktober bis Dezember geerntet und kann – wie auch der Zuckerhut – im Keller in feuchten Sand eingeschlagen werden. Der Zuckerhut wird als Salat oder gedünstet zubereitet.

Blattgemüse

Mangold

Beta vulgaris

Die beiden Arten Blattmangold und Rippenmangold sind nahe Verwandte der Roten Bete, bei denen sich weniger die Wurzeln als vielmehr die Blätter entwickelt haben. Mangold ist zweijährig und blüht erst im zweiten Jahr.

Standort: Blattmangold und Rippenmangold benötigen ein Beet, das bereits im Herbst mit Kompost, Mulch und organischem Dünger vorbereitet worden ist.

Pflege: Mangold entwickelt ausgesprochen reiche Blattmengen, wenn Sie ihn ausreichend feucht halten. Zum Überwintern sollten Sie das Blattgemüse mit einer Laubdecke vor Frost schützen.

Ernte und Verwendung: Vom Mangold können Sie während des ganzen Sommers die äußeren Blätter ernten. Das „Herz" sollte allerdings erhalten bleiben, damit die Pflanze nachwachsen kann. Die Verwendung des Blattmangolds gleicht der des Spinats, die „Rippen" des Rippenmangolds werden wie Spargel gekocht.

Spinat

Spinacia oleracea

Spinat neigt, sobald die Tage länger werden, zum frühzeitigen Blühen. Deshalb baut man ihn hauptsächlich im Frühjahr und Herbst an. „Neuseeländer Spinat" wird in Töpfen im Warmen vorgezogen und nach den Eisheiligen ausgesät. Während des sonst spinatarmen Sommers können seine zarten Blätter und Triebspitzen geerntet werden. Speziell für Herbst und Winter geeignete Sorten sind „Hiverna", „Vital" und „Monoppa".

Standort: Spinat liebt – wie Mangold – humushaltige, durchlässige, feuchte, gemulchte Böden und einen sonnigen Standort. Auf trockenen, steinigen Böden schießt er schnell in Blüte. Da Sie Blattgemüse generell nicht verpflanzen können, sollten Sie den Spinat nicht zu dicht säen.

Das frische Blattgemüse ist im biologischen Garten der ideale Mischkulturpartner. Die dichten Blätterreihen sorgen für Schatten und Feuchtigkeit auf den Beeten. Spinatwurzeln bleiben nach der Ernte im Boden, denn sie enthalten Saponine, die die Aufnahmefähigkeit der Pflanzen für Nährstoffe erhöhen. Außerdem vertreibt Spinatgeruch Erdflöhe aus davon befallenen Kulturen.

Pflege: Versorgen Sie die Beete mit Steinmehl, Horn-Blut-Knochenmehl kann bei Bedarf der Gartenerde beigemischt werden. Spinat reagiert sehr empfindlich auf Stickstoffüberdüngung.

Ernte und Verwendung: Spinat können Sie laufend frisch vom Beet ernten, solange die Blätter noch zart sind. Sie können das gesunde und vitaminreiche Gemüse aber auch einfrieren.

Spinat in Mischkultur

Laub zersetzt sich umso schneller, je kleiner die Blätter sind. Fahren Sie einmal mit dem Rasenmäher über das Laub auf dem Boden. So wird es nicht nur klein gehackt, sondern zugleich arbeitssparend im Fangkorb gesammelt.

Fruchtgemüse

Gurke

Cucumis sativus

Für die Kultur im Freiland eignen sich für hiesige Breitengrade u. a. folgende Sorten des Tropengemüses: „Chinesische Schlangen“ (lange Salatgurke), „Sperling's Mervita“ (für Salate und zum Einlegen), „Vorgebirgstrauben“ (widerstandsfähige Einlegesorte).

Standort: Gurken sind sehr wärmebedürftig und brauchen einen geschützten Platz (optimal ist ein offener Frühbeetkasten); sie dürfen jedoch nicht in der prallen Sonne stehen.

Pflege: Sie können die Freilandgurke mit ihren Trieben und Ranken auf dem Boden kriechen lassen, an einer Kletterhilfe aus Maschendraht oder Stahlgitter sind die Früchte jedoch besser vor Krankheiten geschützt. Gurken beanspruchen viel Platz und müssen in humusreichen und feuchten Boden gesetzt werden. Heben Sie für jede Pflanze ein ausreichend großes Loch aus und mischen Sie die Erde mit reichlich Kompost und einer Handvoll Hornspäne.

Während der gesamten Wachstumszeit brauchen Gurken viel abgestandenes, warmes Wasser und hin und wieder einen Guss Pflanzenjauche. Bei starker Sonneneinstrahlung muss schattiert werden. Gurken sind anfällig für Pilzkrankheiten. Spritzen Sie vorbeugend mit Schachtelhalmbrühe. Tomaten und Gurken sollten nicht zu nahe beieinanderstehen.

Ernte und Verwendung: Gurken werden zwischen Juli und September laufend frisch geerntet. Pflücken Sie die Gurken vorsichtig, damit Sie keine Ranken abreißen. Gurken eignen sich für frische Salate, zum Schmoren und zum Einlegen.

Kürbis

Cucurbita pepo, C. maxima

Der Riesenkürbis liefert die größten und schwersten Früchte im Gemüsegarten. Die beliebten Sorten heißen „Riesenmelone", „Gelber Zentner" und „Grüner Zentner".

Standort: Der beste Platz für den Kürbis findet sich am Rand des Komposthaufens. Ziehen Sie die Ranken über den Haufen, um die Erde zu beschatten.

Pflege: Die Pflege ähnelt der von Gurken, jedoch braucht der riesige Kürbis von allem noch ein bisschen mehr. Das Kürbisbeet sollten Sie noch reichlicher düngen, wässern und vor allem noch mehr Platz zur Verfügung stellen. Eine einzige Pflanze überwuchert leicht 3 bis 4 m^2.

Ernte und Verwendung: Kürbisse werden je nach Aussaat von Juli bis Oktober geerntet. Schieben Sie ein Holzbrettchen unter den Kürbiskopf, damit er vor Nässe geschützt ist. Wenn er beim Anklopfen hohl klingt, ist er reif zur Ernte. Das Fleisch eignet sich für Kompott ebenso wie für pikante Gerichte.

Tomate

Lycopersicon lycopersicum

Tomaten stammen aus den tropischen Ländern Süd- und Mittelamerikas. Bei uns sind vor allem zwei Wuchsformen bekannt: Am häufigsten kommen die an einem Holz- oder Wellendrahtstab befestigten, etwa 1,5 m hohen Tomatenpflanzen vor. Zunehmender Beliebtheit erfreuen sich aber auch die niedrigen Busch- oder Zwergtomaten. Außer in der Wuchsform unterscheiden sich Tomaten auch in Größe, Form und Farbe.

Standort: Tomaten sind das einzige Gemüse, das am besten gedeiht, wenn es Jahr für Jahr auf demselben (sonnigen) Beet angebaut und mit seinen eigenen Abfällen gedüngt wird.

Pflege: Tomaten sind sehr anspruchsvoll in der Ernährung und brauchen viel Wasser. Bereiten Sie das Beet mit Kompost und verrottetem Mist, Horn-Blut-Knochenmehl oder Guano bereits im Herbst vor. Im Frühling streuen Sie in jedes Pflanzloch reifen Kompost und setzen die Tomaten tief und etwas schräg. Gießen Sie zum Schluss mit verdünnter Brennnesseljauche an. Spritzen

Sie öfter mit Schachtelhalmbrühe, denn Tomaten sind sehr anfällig für Pilzkrankheiten. Lassen Sie nur zwei bis drei Haupttriebe wachsen, die laufend an der Kletterhilfe mit Bast festgebunden werden. Die Seitentriebe müssen Sie während des ganzen Sommers regelmäßig aus den Blattachseln herausbrechen.

Wässern Sie Ihre Tomatenpflanzen ausreichend mit abgestandenem Wasser, das Sie in den Wurzelbereich gießen, und düngen Sie mehrmals mit Pflanzenjauche nach. Tomaten gedeihen gut unter einer einfachen Foliendachkonstruktion, die seitlich jedoch offen bleiben sollte, damit die Luft ausreichend zirkulieren kann.

Ernte und Verwendung: Tomaten werden von Juli bis Ende Oktober frisch geerntet. Früchte, die nicht mehr rot geworden sind, werden an ihrem Zweig ins Haus geholt, wo sie nachreifen können.

Zucchini

Cucorbita pepo var. giromontiina

Die aus Südeuropa stammende Zucchini ist eine mild schmeckende, gurkenähnliche Frucht. Verbreitete Sorten sind „Cocozelle von Tripolis“, „Diamant“ (grün) und „Gold Rush“ (gelb). Die wunderschönen großen und goldgelben Blüten der Zucchini sind eine Zierde für jeden Gemüsegarten.

Standort: Die Zucchini liebt geschützte, warme Plätze auf nährstoffreichen Böden, ähnlich dem Kürbis.

Pflege: Die gurkenähnlichen italienischen Kürbisse sind von allen Kürbisgewächsen am wenigsten empfindlich. Bereiten Sie das Beet wie für Gurken vor; auch die Pflege von Zucchini entspricht der von Gurken. Zucchini brauchen sehr viel Platz und Wasser, außerdem zusätzliche Düngung mit Pflanzenjauche, der Sie einen organischen Dünger beimischen können. Spritzungen mit Schachtelhalmbrühe schützen vor Pilzkrankheiten. Mulchen Sie um die Pflanzen herum mit halb

verrottetem Kompost, denn Zucchini sind Starkzehrer.
Ernte und Verwendung: Von einer Pflanze können Sie bis zu 30 Früchte zwischen 10 und 20 cm Länge ernten, wenn Sie sie jung und zart pflücken. Dann schmecken sie auch am besten, und es bilden sich immer wieder neue Blüten. Aber auch in allen anderen Wachstumsstadien sind die Früchte essbar.

Hülsenfrüchte

Pal- und Markerbsen

Pisum sativum

Die Pal- oder Schalenerbsen besitzen große, glatte, runde Körner, und die reifen Früchte werden mehlig; Markerbsen dagegen erkennt man an ihren runzeligen Samenkörnern. Beliebte Markerbsensorten sind „Aldermann“, „Lancet“ und „Exzellenz“; von den Palerbsen häufig angebaut werden „Kleine Rheinländerin“ und „Rheinperle“.
Standort: Kompost und Mulch genügen zur Vorbereitung des Erbsenbeetes. Streuen Sie im Frühling zusätzlich Steinmehl oder Holzasche aus.
Pflege: Schützen Sie die Aussaaten möglichst mit einem Maschendraht vor Vögeln. Niedrige Sorten brauchen keine Kletterhilfe, hohe Sorten erhalten ein Klettergerüst aus Reisern oder Maschendraht. Verwenden Sie das anfallende Erbsenstroh zum Mulchen und lassen Sie die Wurzeln mit den Knöllchenbakterien im Boden.
Ernte und Verwendung: Erbsen können Sie laufend frisch ernten und lassen sich gut einfrieren, Palerbsen auch trocknen.

Stangen- und Buschbohnen

Phaseolus vulgaris

Bei den Stangen- und Buschbohnen gibt es grüne Sorten und gelbe Wachsbohnen. Stangenbohnen sind größer und schmecken kräftiger, etwa die Sorten „Neckarkönigin“, „Mombacher Speck“ (grün), „Wachs Neckargold“ (gelb) oder „Blauhilde“ (bläulich).

Beliebte Buschbohnensorten sind „Saxa", „Delinel" (grün), „Wachs Goldetta", „Hildora GS" (gelb), „Purple Teepee" (violettblau) und „Borlotto" (rot-grün gesprenkelt).

Standort: Bohnen vertragen Sonne und Halbschatten. Die Erde sollte in gutem, lockerem Zustand sein.

Pflege: Buschbohnen sind anspruchsloser als Stangenbohnen. Sie brauchen weniger Wärme, Nährstoffe und vor allem weniger Platz als Stangenbohnen, die eine stabile Kletterhilfe benötigen. Kerne werden erst ab Mitte Mai in die Erde gelegt.

Bohnen sollen nach einer alten Regel „die Glocken läuten hören". Säen Sie also nicht zu tief, höchstens 2 bis 3 cm. Gedüngt wird mit Kompost, bei Stangenbohnen zusätzlich mit organischem Dünger, z. B. mit Holzasche oder Knochenmehl. Vermeiden Sie Stickstoffdüngung, denn Bohnen sind Stickstoffsammler, genauso wie Erbsen.

Ernte und Verwendung: Bohnen ernten Sie laufend frisch während des Sommers, jedoch nie bei nassem Wetter. Lassen Sie sie nicht zu lange hängen, sondern ernten Sie sie jung und zart. Vorsicht: Bohnen enthalten Gift, das erst beim Kochen verschwindet.

Nützliche Hülsenfrüchte

Bei Bohnen und Erbsen bleiben die Wurzeln als natürliche Stickstoffanreicherung im Boden. Mischkultur mit Bohnenkraut schützt wirksam vor schwarzen Läusen.

Knollengemüse

Gemüse- oder Knollenfenchel

Foeniculum vulgare var. dulce

Dieses typische Mittelmeergemüse wird wegen seines verdickten Stängels angepflanzt, der ähnlich schmeckt wie Anis und eine vorzügliche Zutat für Salat und Rohkost liefert. Knollenfenchel ist ein zweijährig wachsender Doldenblütler mit fein gefiederten Blättern. Für den Sommer- und Herbstanbau steht die Sorte „Zefa Tardo" zur Verfügung, für die Frühjahrs- und Frühsommerkultur „Zefa Fino" oder „Sperling's Crato".

Standort: Knollenfenchel wächst auf nahrhaftem, durchlässigem Boden in sonniger warmer Lage.

Pflege: Fenchel liebt reichlich Feuchtigkeit und – ab und zu – einen Guss Brennnesseljauche. Im Spätsommer häufelt man die

Knollen etwas an, damit sie gebleicht und schön zart werden. Fenchel gedeiht gut als Nachkultur von Kartoffeln oder Erbsen. Gute Nachbarn bei frühen Pflanzungen sind Kopfsalat, Gurken und Erbsen, bei Spätsommerkulturen Feld- und Zichoriensalate.

Ernte und Verwendung: Fenchel ernten Sie frisch ab Ende September bis in den November hinein. Graben Sie die letzten Knollen vor den ersten Nachtfrösten aus und pflanzen Sie sie dicht an dicht ins Frühbeet oder lagern Sie sie bei Temperaturen leicht über dem Gefrierpunkt im Keller. Gemüsefenchel kann gedünstet oder auch roh als Salat zubereitet werden.

Kartoffel

Solanum tuberosum

Die zum Knollengemüse zählenden Kartoffeln stammen ursprünglich aus Südamerika. Frühe Sorten sind länglich oval und festkochend, mittelfrühe Sorten rund-oval und überwiegend festkochend. Spätkartoffeln sind – bis auf die lang-ovale, festkochende „Hansa" – mehlig.

Standort: Die Nutzfläche für den Kartoffelanbau sollte etwas breiter sein als die normalen Gemüsebeete, die Kartoffelfurchen sollten mindestens 0,5 m betragen.

Pflege: Die Kartoffelanbaufläche sollte regelmäßig gehackt werden. Wenn die Pflanzen etwa 2 cm hoch sind, sollten Sie die Erde anhäufeln. Mulchen Sie das Beet bei Spätfrostgefahr mit Stroh oder ähnlichem Deckmaterial, das bei wärmerer Witterung wieder entfernt werden kann.

Gegen den schwarz-gelben Kartoffelkäfer, der an Blättern und Stängeln frisst, verwenden Sie am besten biologische Pyrethrum-Präparate, die im Handel erhältlich sind.

Ernte und Verwendung: Frühkartoffeln können Sie von Mitte Juni bis Mitte Juli ernten, mittelfrühe Kartoffeln im August, späte Sorten von August bis September. Graben Sie die Kartoffeln nach und nach mit der Grabgabel aus. Aufgrund ihres hohen Vitamingehaltes, ihres Nährwertes und ihrer vielseitigen Verwendbarkeit zählen die braunen Knollen zu den meistverwendeten Gemüsearten.

Topinambur

Helianthus tuberosus

Diese Knollenfrucht ist mit der Sonnenblume verwandt, wächst 2 bis 3 m hoch und bildet dichte grüne Hecken mit attraktiven gelben Blüten. Man nennt Topinambur auch „Diabetikerkartoffel", da sie wegen ihres hohen Inulingehaltes für Zuckerkranke sehr bekömmlich ist.

Standort: Topinambure sind anspruchslos. Im Frühjahr setzen Sie die unterirdisch wachsenden Knollen im Abstand von 1 m in das Gemüsebeet. Eine Mischkultur ist nicht empfehlenswert.

Pflege: Es genügt, das Beet mit Kompost zu düngen.

Ernte und Verwendung: Im Herbst und Winter können Sie die winterfesten Topinambure bei Bedarf frisch ernten. Ihr Vitamin-C- und Eiweißgehalt machen sie zu einer gesunden Ergänzung auf dem Speisezettel; zubereitet werden sie wie Kartoffeln. Die Topinambur ist auch als Gründüngungspflanze von Bedeutung.

Kohlgemüse

Blumenkohl

Brassica oleracea var. botrytis

Blumenkohl ist mit seinen „Rosen" sehr wohlschmeckend. Beliebte Sorten sind „Erfurter Zwerg" für die frühe und späte Ernte sowie „Neckarperle" für den Sommeranbau.

Standort: Blumenkohl ist relativ anspruchsvoll. Er verlangt einen humusreichen und immer gut feucht gehaltenen Boden.

Pflege: In der Entwicklung des Blumenkohls darf durch Wasser- oder Nährstoffmangel kein Stillstand eintreten. Um dies sicherzustellen, sind häufige Jauchegüsse empfehlenswert. Wenn man im Sommer die inneren Blätter über der „Blume" einknickt, bleibt sie schön weiß.

Ernte und Verwendung: Blumenkohl ernten Sie, sobald er reif, aber die „Blume" noch fest und geschlossen ist. Späte Kulturen reifen noch im Oktober. Es werden nicht nur die Blätter, sondern auch die verwachsenen Blütenknospen verzehrt.

Brokkoli

Brassica oleracea var. cymosa

Der Brokkoli, der auch „Spargelkohl" genannt wird, ist eine grüne Variante des Blumenkohls mit kräftigerem Geschmack und höherem Vitamin- und Nährstoffgehalt. Sorten sind „Futura", „Atlantic" und „Sperling's Sparko". Ein wahrer Augenschmaus sind die Varianten „Rosalind" (rotviolette Blumen) und „Blauer von Sizilien" (violette Blumen).

Standort: Brokkoli gedeiht, wie andere Kopfkohlarten, gut auf einem im Herbst mit organischem Dünger vorbereiteten Beet.

Pflege: Brokkoli ist nicht so heikel wie Blumenkohl, braucht aber ebenso viel Wasser und Nährstoffe.

Ernte und Verwendung: Der grünviolette Hauptspross wird geerntet, bevor die ersten Blütenknospen aufplatzen und gelbe Blüten zu sehen sind. Aus den Blattachseln treiben dann weitere, kleinere Knospen nach, die über längere Zeit mit ihren Stielen geschnitten werden können. Sie können Brokkoli auch einfrieren, wenn er nicht frisch verwertet wird.

Chinakohl und Pak-Choi

Brassica rapa chinensis

Chinakohl ist eine zarte, leicht verdauliche Weißkohlart aus dem asiatischen Raum. Er ist raschwüchsig und besitzt leicht krause oder zerknittert aussehende Blätter mit breiten, weißen Rippen. Chinakohlsorten sind der gut lagerfähige „Hongkong" und der sehr krankheitsresistente „Nagoka"; bei Pak-Choi ist die Sorte gleichnamig.

Standort: Für den Anbau von Chinakohl sollten Sie ein abgeerntetes Beet verwenden und den Boden mit organischem Dünger vorbereiten.

Pflege: Chinakohl darf erst in der zweiten Julihälfte ausgesät werden, frühere Aussaaten schießen leicht. Er braucht zusätzlich organischen Dünger – etwa Guano – und stets reichlich Feuchtigkeit. Wechseln Sie die Anbaufläche häufig, denn wie alle Kohlarten wird auch Chinakohl leicht von Kohlhernie befallen.

Ernte und Verwendung: Chinakohl kann bei Temperaturen bis zu minus 5 °C im Garten bleiben. Die abgeernteten Köpfe halten sich im Kühlschrank oder Keller meist noch wochenlang. Er kann roh oder gedünstet zubereitet werden.

Grünkohl

Brassica oleracea var. acephala

Dieser anspruchslose Winterkohl besitzt einen hohen Gehalt an Vitaminen und Mineralstoffen. Niedrigere Sorten – etwa „Niedriger grüner Krauser" oder „Hamburger Lerchenzungen" – sind für den privaten Gemüsegarten empfehlenswert.

Standort: Grünkohl gedeiht auch an halbschattigen Orten und kann gut mit Kartoffeln gepflanzt werden.

Pflege: Versorgen Sie das Grünkohlbeet reichlich mit Kompost und einem organischen Dünger.

Ernte und Verwendung: Grünkohl ist winterhart und kann den ganzen Winter über aus dem Freiland geerntet werden. Er schmeckt feiner und ist bekömmlicher, wenn er mindestens einmal richtig durchgefroren ist. Junge Blätter von „Niedriger grüner Krauser" können klein geschnitten sogar als Salat zubereitet werden.

Kohlrabi

Brassica oleracea var. gongylodes

Kohlrabi gehört dem Knollengemüse an und schmeckt nussartig süß, wobei die weißen Formen milder und süßer sind als die blauen. Frühe Sorten sind unter anderem „Lanro" (weiß) und „Blaro" (blau); Sommer- und Herbstsorten nennen sich „Weißer und Blauer Delikatess" sowie „Blauer Speck".

Standort: Kohlrabi sind willkommene Zwischenfrüchte, sie brauchen kein eigenes Beet.

Pflege: Kohlrabi benötigen weniger Nährstoffe als die dicken Kohlköpfe, allerdings brauchen sie regelmäßige Wasserversorgung, sonst werden die Knollen holzig oder platzen auf. Nachdüngen mit verdünnter Brennnesseljauche ist empfehlenswert.

Ernte und Verwendung: Bei Kohlrabi gilt: je früher vom Beet, desto feiner die Küche. Verwenden Sie auch die zarten Blätter für Ihren Salat, sie enthalten sehr viele Vitamine und Mineralstoffe. Spätsorten sollten Sie vor den ersten Nachtfrösten hereinholen.

Rosenkohl

Brassica oleracea var. gemmifera

Der Rosenkohl mit seinen an einem 60 bis 80 cm hohen Stiel sitzenden Blattröschen gehört zu den feineren Verwandten innerhalb der Kohlfamilie. Altbewährte Sorten sind „Wilhelmsburger" sowie „Fest und Viel".

Standort: Rosenkohl zählt zu den sogenannten Nachfruchtpflanzen, die man auf früh geräumte Beete setzen kann.

Pflege: Bei Rosenkohl kommt es darauf an, des Guten nicht zu viel zu tun, um ein wohlschmeckendes Gemüse ernten zu können. Bei Überdüngung bringt Rosenkohl nur lockere Röschen zustande, die zudem scharf schmecken. Eine Handvoll Holzasche in das

Pflanzloch dagegen begünstigt die Festigkeit der Röschen.

Ernte und Verwendung: Frost vor der Ernte fördert den Wohlgeschmack von Rosenkohl. Ernten Sie ihn möglichst aus dem Freiland, nur in sehr kalten Gegenden müssen Sie Rosenkohl im Frühbeet oder an einer schützenden Wand einschlagen und mit Reisig abdecken.

Weißkohl, Rotkohl und Wirsing

Brassica oleracea var. capitata

Rotkohl (Blaukraut) und Weißkohl (Weißkraut) sind sich zwar grundsätzlich ähnlich, unterscheiden sich aber deutlich im Geschmack. Der Wirsing ähnelt dem Weißkohl, hat allerdings weichere, gekrauste Blätter. Frühe Sorten sind beim Weißkohl „Dithmarscher Früher" und „Erstling", beim Rotkohl „Frührot" und beim Wirsing „Eisenkopf".

Späte Weiß- bzw. Rotkohlsorten sind „Braunschweiger", „Herbstrot" bzw. „Marner Lagerweiß"; zum späten Wirsing zählen z. B. „Dauerwirsing" und „Advent".
Standort: Das Kohlbeet muss bereits im Herbst mit Kompost und organischem Dünger gut vorbereitet werden. Säen Sie nur kleine Mengen aus, denn die drei Kohlarten brauchen viel Platz.
Pflege: Die drei Kopfkohlarten sind Starkzehrer und brauchen viel Nährstoffe und Wasser, um die gewaltigen Blattmassen erzeugen zu können. Steinmehl und Brennnesseljauche fördern das Wachstum während der Vegetationsperiode. Außerdem wichtig: Mulchen Sie den Boden und gießen Sie immer reichlich.
Ernte und Verwendung: Frühe Kohlarten sind für den frischen Verzehr bestimmt. Späte Sorten bleiben so lange im Freiland, bis sich Nachtfröste einstellen. Aus Weißkohl stellt man das gesunde Sauerkraut her, Rotkohl harmoniert zu Wild, Geflügel und Schweinefleisch.

Wurzelgemüse

Möhren und Karotten

Daucus carota ssp. sativus

Umgangssprachlich werden Möhren oft als Karotten bezeichnet. Genau genommen gibt es zwischen beiden Früchten aber einige Unterschiede: Karotten sind die kleinen, rundlichen Sorten, wie z. B. „Pariser Mark". Möhren oder Gelbe Rüben werden allgemein die langen, orangeroten Wurzeln genannt. Sorten sind etwa die frühe Zuckermöhre „Sperling's Frühbund" oder die haltbare Wintermöhre „Rote Riesen".
Standort: Möhren brauchen einen lockeren, sandigen Boden. Eine Gründüngung, die über den Winter als Mulchdecke liegen bleibt, kann den Boden tiefgründig lockern. Ansonsten bereiten Sie das Gemüsebeet mit Kompost vor und breiten eine Mulchdecke darüber aus.

Pflege: Im Frühjahr geben Sie in die Saatrillen etwas Reifekompost und Holzasche. Wenn die Sämlinge aufgegangen sind, verziehen Sie sie auf einen Abstand von 3 bis 5 cm. Bei gleichmäßiger Feuchtigkeit platzen die Möhren nicht auf. Anhäufeln der Wurzelhälse ab Anfang Mai hält die Möhrenfliege fern, die ihre Eier vorzugsweise in dem Gemüse ablegt. Bewährt hat sich auch eine Mischkultur mit Zwiebeln und Lauch.

Ernte und Verwendung: Je nach Sorte liegt die Erntezeit im Sommer, Herbst oder Frühwinter. Ziehen Sie die Möhren vorsichtig aus der Erde, sobald Sie sie benötigen. Ansonsten sollte das Wurzelgemüse möglichst lange im Freiland bleiben; eine dicke Laubdecke kann das Beet noch lange frostfrei halten. Möhren zum Lagern gräbt man Anfang Oktober mit der Grabgabel aus, dreht das Laub ab und legt sie in Kisten mit Sand.

Radieschen und Rettiche

Raphanus sativus

Der Rettich ist eine sehr vielgestaltige Pflanzenart. Radieschen und Sommerrettiche können vom zeitigen Frühjahr bis in den Herbst geerntet werden. Herbst- und Winterrettiche decken den Bedarf von Herbst bis Frühjahr. Frühe Aussaaten von Radieschen sind mit den Sorten „Saxa“, „Knacker“ oder „Frühwunder“ möglich. Sommerrettiche sind die Sorten „Hilds Neckarruhm“, „Rex“ und der „Minowase Summer Cross“; zu den Winterrettichen zählen „Münchner Bier“, „Runder schwarzer Winter“ oder „Langer schwarzer Winter“.

Standort: Radieschen und Rettiche gedeihen am besten auf eher kühlen und feuchten Standorten in humoser, leichter Erde. Rettiche produzieren sehr viel Laub und sollten deshalb nicht zu dicht stehen.

Pflege: Zarte, milde Radieschen werden Sie ernten, wenn Sie das Pflanzenwachstum durch reichliche Wassergaben fördern. Ebenso sollten Sie den Boden vor der Aussaat wässern. Radieschen eignen sich gut als Zwischenkultur. Säen Sie sie breitwürfig und nicht zu dicht als Mischkultur mit Karotten oder auf das Frühkartoffelbeet aus.

Ernte und Verwendung: Radieschen vertragen keinen Frost; einige Rettichsorten können dagegen in milderen Gegenden ohne tiefgründigen Frost den ganzen Winter

Schaurig-schön

Von vielen Balkons und Fensterbrettern schaut sie uns an: die Kürbisfratze. Eine flackernde Kerze beleuchtet das schaurig-schöne Gesicht. Leicht ist es nicht, aus dem runden Gemüse ein solches „Kunstwerk" zu schnitzen. Doch der Aufwand lohnt sich: Denn im Oktober, wenn Halloween naht, läuft bei diesem gruseligen Anblick nicht nur so manchem Kind ein wohliger Schauer über den Rücken.

Farbenfrohe Vielfalt

Aber keine Sorge, wer sich mit dieser schaurigen Dekoration nicht anfreunden kann, muss trotzdem nicht auf Kürbis-Accessoires in der Wohnung oder im Garten verzichten. Denn der späte Sommer schenkt uns alle erdenklichen Arten von Kürbissen in kräftigen Farben. Da gibt es Zierkürbisse in den verrücktesten Formen. Es gibt aber auch die Speisekürbisse – etwa den Hokkaido –, die man zunächst als hübsche Deko auf den Küchentisch stellen kann, bevor sie in den Kochtopf wandern. Der Fantasie sind dabei keine Grenzen gesetzt.

Spätsommerfarben im Haus

Zaubern Sie z. B. mit ein wenig Kreativität und den Schätzen der Natur eine urige Tafel aus Ihrem Esszimmertisch: Wählen Sie dafür eine schlichte weiße Leinendecke und schaffen Sie mit Kürbissen, Quitten und Zweigen der Schneebeere ein herbstliches Ambiente. Verteilen Sie sie dafür in der Mitte der Tafel. Gut dazu passt ein schlichter Kerzenständer mit weißen Kerzen.

Wickeln Sie nun um Efeu etwas Draht und befestigen Sie daran eine Tischkarte. Besonders hübsch sieht es aus, wenn Sie den Namen Ihrer Gäste darauf mit einem dünnen Filzstift oder einem Füllfederhalter in Schreibschrift vermerken. Drapieren Sie diese Tisch-Deko um eine weinrote Stoffserviette. Legen Sie zum Schluss auf jeden Teller einen kleinen Zierkürbis. Diesen können die Gäste als Geschenk mit nach Hause nehmen und sich noch lange an das herbstliche Dinner erinnern.

über in der Erde bleiben. Ansonsten gräbt man sie im Spätherbst aus, schneidet das Laub ab und mietet sie im Keller oder Frühbeet in Sand ein.

Rote Bete

Beta vulgaris

Die Rote Rübe, Rote Bete oder Rahne ist reich an Mineralsalzen und Vitaminen. Beliebte Sorten sind „Rote Kugel", „Juwakugel", „Sperling's Rote Kugel Probat" und „Forono" (längliche Form, speziell zum Lagern).

Standort: Rote Bete gehören zu den Mittelzehrern und nehmen auch mit einem Beet im Halbschatten vorlieb. Als Vorbereitung für das Beet genügen Kompostversorgung und Mulchen im Herbst.

Pflege: Aprilaussaaten muss man vor Spätfrösten schützen. Erst ab dem 20. Mai ist das Ausbringen der Freilandaussaat unbedenklich. Sorgen Sie außerdem für ausreichend Feuchtigkeit.

Ernte und Verwendung: Ernten Sie nach Bedarf oder immer dann, wenn die Knollen die gewünschte Größe erreicht haben. Die Rüben werden wie Möhren eingemietet. Beim Abdrehen der Blätter achten Sie darauf, die Knolle an keiner Stelle zu verletzen, weil sie sonst „ausblutet". Rote Bete werden vor allem als Salate zubereitet. Ihr Saft eignet sich als natürlicher Lebensmittelfarbstoff.

Sellerie

Apium graveolens

Bei der vielseitig verwendbaren Gemüseart unterscheidet man Knollensellerie (Apium graveolens var. rapaceum) und Bleich- oder Stangensellerie (Apium graveolens var. dulce). Der Knollensellerie besitzt runde Wurzelknollen, Bleichsellerie bildet dagegen keine Knollen.

Standort: Sellerie verlangt nach einem stickstoffhaltigen Boden und verträgt auch schwach saure Böden mit einem pH-Wert

von 6,0 bis 7,5. Da Sellerie zu den starkzehrenden Gemüsearten mit hohem Nährstoffbedarf zählt, düngen Sie die Beete, auf die der Sellerie im nächsten Jahr gepflanzt werden soll, mit Stallmist (nie im Frühjahr aufbringen) oder Kompost sowie mit 50 g Kali und 40 g Thomasmehl pro m^2.

Pflege: Gießen Sie regelmäßig, ein- bis zweimal in der Wachstumszeit, auch mit Brennnesseljauche. Mulchen Sie das Selleriebeet; aber so, dass die Knollen möglichst frei liegen.

Ernte und Verwendung: Geerntet wird Sellerie von September bis November, so spät wie möglich, aber vor den ersten stärkeren Frösten. Knollensellerie lässt sich gut lagern; das getrocknete Laub dient als Gewürz. Die Blätter und Blattstiele des Bleichselleries ergeben feine Rohkostsalate oder Gemüsegerichte.

Zwiebelgemüse

Knoblauch

Allium sativum

Der aus Südeuropa stammende Knoblauch zählt zur Gattung der Liliengewächse.

Standort: Knoblauch gedeiht bevorzugt an sonnigen und warmen Standorten mit eher trockenen Böden. Pflanzen Sie ihn – ähnlich den Steckzwiebeln – im Abstand von 15 cm etwa 4 cm tief in die Erde.

Pflege: Die Pflege ähnelt im Großen und Ganzen den Maßnahmen bei den Zwiebeln. Knoblauch ist, beispielsweise als Beeteinfassung gepflanzt, ein nützlicher Partner für andere Pflanzen, da er gegen Krankheiten und Schädlinge schützen kann.

Ernte und Verwendung: Erntezeit ist Juli bis September; sobald das Laub im Herbst trocken ist, können Sie die Knoblauchzwiebeln herausziehen. Flechten Sie sie zu einem Zopf zusammen und hängen Sie diesen an einem kühlen und luftigen Platz auf.

Porree/Lauch

Allium porrum

Porree bzw. Lauch ist eine beliebte Gemüseart. Sie gehört zu den winterharten Zwiebelgemüsen und enthält schwefelhaltige ätherische Öle. Sehr dekorativ ist die frostfeste Sorte „Winterriesen" mit ihrer blaugrünen Färbung.

Standort: Porree oder Lauch liebt tiefgründigen Boden. Bereiten Sie das Beet im Herbst mit Kompost und organischem Dünger vor. Er eignet sich hervorragend als Nachfrucht auf früh frei gewordenen Beeten.

Pflege: Während des Hoch- und Spätsommers sollten Sie dem Porreebeet eine Volldüngung verabreichen. Pflanzen Sie Setzlinge bei trübem Wetter, stutzen Sie Wurzeln und Blätter etwas ein und gießen Sie mit Brennnesseljauche an. Später werden die Pflanzen angehäufelt, damit sich die begehrten weißen Schäfte bilden.

Ernte und Verwendung: Porree bzw. Lauch kann sowohl im Spätsommer als auch im Herbst und Winter stets frisch geerntet werden, das bedeutet ab Juli/August. Die Winterernte dauert von Oktober bis Dezember, bei winterharten Sorten bis zum Frühjahr. Wenn Sie im Frühling einige Porreepflanzen stehen lassen und die Blütenansätze abschneiden, bilden sich am Boden die kleinen weißen Perlzwiebeln heraus.

Zwiebeln

Allium cepa

Die Zwiebeln gehören wahrscheinlich zu den ältesten Gemüsen der Erde. Man unterscheidet folgende Zwiebelarten: Steckzwiebeln, Schalotten, Saatzwiebeln und Weiße Frühlingszwiebeln.

Standort: Zwiebeln bevorzugen einen sonnigen Standort und warmen, nahrhaften Boden, der oft gehackt und gejätet werden muss.

Pflege: Die Küchen- oder Speisezwiebel lässt sich aus Samen oder Steckzwiebeln gewinnen. Wintersteckzwiebeln kommen schon im Herbst in die Erde, damit man im darauffolgenden Sommer frühzeitig ernten kann. Wird zusätzliche Nahrung nötig, verwenden Sie einen kalihaltigen Dünger.

Ernte und Verwendung: Gesäte Zwiebeln eignen sich besonders gut als Lagerzwiebeln, wenn man sie ausreifen lässt, also wartet, bis das Kraut zu mindestens zwei Dritteln verwelkt ist. Gesteckte Zwiebeln sind früher erntereif und werden frisch verzehrt.

Gartenkalender

Gemüsegartenpflege rund ums Jahr

Die Pflege eines Gemüsegartens bringt im Vergleich mit anderen Gartenbereichen am meisten Arbeit mit sich. So gibt es während der Saison vom Frühjahr bis zum Herbst ständig etwas zu tun: Beginnend mit der Aussaat und Pflanzung, der Bewässerung, der Bodenlockerung, dem Düngen, dem Jäten, dem Pflanzenschutz und – nicht zuletzt – dem Ernten sind täglich viele verschiedene Aufgaben zu erledigen. Der übersichtliche und kompakte Gartenkalender auf den folgenden Seiten zeigt, wie sich die anstehenden Arbeiten auf die einzelnen Monate des Jahres verteilen.

Januar

- Planung der Beete und Mischkulturen.
- Saatgut bestellen und vorhandenes Saatgut testen.
- Anzuchthilfen für Gemüse beschaffen und vorbereiten.
- Gemüselager kontrollieren, Lagergemüse verbrauchen.
- Kräuter auf der Fensterbank versorgen.
- Kompost umsetzen oder durchmischen.
- Gemüse im Gewächshaus versorgen (Winterspinat, Feldsalat etc.).

Februar

- Kataloge und Saatgutsortiment der Gartencenter sichten.
- Planung der Beete, Fruchtfolge beachten.
- Neben bewährtem Gemüse auch neue Züchtungen testen.
- Sortenmix verbessert die Erträge (verschiedene Tomaten wählen).
- Aussaat beginnen, sobald die Tage länger werden.
- Alte Anzuchterde vom Vorjahr dämpfen (z. B. in einem alten Kochtopf).
- Frühbeet bauen oder Mistbeet anlegen.
- Pferdemist für Frühbeet besorgen (z. B. bei Reiterhof).
- Erste Pflanzungen unter Glas (frühe Sorten von Salat, Kohlrabi, Rettich).

- An sonnigen Tagen Gewächshaus und Frühbeet lüften (abends ablüften).
- Bodenbearbeitung bei mildem Wetter.
- Reifen Kompost verteilen.
- Gemüsegartenneuanlage an günstigem Platz (geschützte sonnige Lage).
- Gemüsegarten sowie, falls erwünscht, Kräuterhecken einfrieden.

März

- Aussaat und Anzucht im Haus (Tomaten, Paprika, Gurken etc.).
- Aussaat und Pflanzung von Frühgemüse im Gewächshaus und Frühbeet.
- Frühbeet und Gewächshaus an sonnigen Tagen lüften.
- Bodenlockerung mit Grabgabel oder Sauzahn.
- Bodenverbesserung mit reifem Gartenkompost.
- Bei mildem Wetter und abgetrocknetem Boden erste Aussaat im Freiland (Möhren, Rettiche, Radieschen).
- Pflanzung von Salat, Kohlrabi und Rettich auf vorbereitetem Boden.
- Frostschutz mit Vlies, Gartenfolie oder Folientunnel aufstellen.
- Saatbeete mit Schutznetz vor Vögeln abschirmen.

April

- Pflanzen aus der Gärtnerei besorgen (zur Ergänzung eigener Jungpflanzen).
- Noch Aussaat von Gemüse im Haus.
- Jungpflanzen pikieren (vereinzeln).
- Aussaat und Pflanzung im Gewächshaus und Frühbeet (Kohlrabi, Salat, Tomaten, Gurken etc.).
- Gewächshaus und Frühbeet lüften und schattieren.
- Aussaat und Pflanzung aller Arten im Freiland (Möhren, Salate, Rettiche, Kohlrabi u. a.), bis auf frostempfindliche Südländer (Tomaten, Gurken, Paprika u. a.).
- Kartoffeln legen und anhäufeln.
- An sonnigen Tagen gießen.
- Blumen zur Schädlingsabwehr in die Beete säen (Ringelblumen, Tagetes u. a.).

- Bodenlockerung zwischen den Reihen und Unkrautvernichtung durch Harken.
- Mulchen mit Rasenschnittgut hält die Bodenfeuchtigkeit und unterdrückt Unkräuter.
- Gehsteige in die Beete legen (z. B. Holzlattenroste oder Bretter).
- Ernte der ersten Frühgemüse und Salate.
- Folgesaat und Folgepflanzung auf freien Beeten (günstige Sorten wählen – „Mischkultur").
- Pflanzenschutz mit biologischen Mitteln (z. B. Abspritzen mit kaltem Wasser).

Mai

- Nach den „Eisheiligen" beginnt Pflanzzeit für alle Arten (auch für frostempfindliches Gemüse wie Kürbis, Mais, Melonen etc.).
- Tomaten, Gurken, Paprika und andere wärmebedürftige Fruchtgemüse vor Kälte und Dauerregen schützen (z. B. mit Folienhauben).
- Folgepflanzungen nach der Ernte von Frühgemüse, günstige Fruchtfolgen beachten (nach Kohlrabi keine Kohlarten pflanzen – vgl. Mischkulturtabelle S. 10).
- Bewässerung bei Trockenheit (Wasservorrat anlegen).

- Hacken und Jäten in den Beeten.
- Mulchen hält die Bodenfeuchtigkeit (z. B. Rasenschnittgut oder Mulchfolie).
- Pflanzenschutz mit biologischen Mitteln.
- Tomaten stäben und entgeizen (Seitentriebe ausbrechen).
- Kletterpflanzen unter Glas heften (Gurken, Melonen etc.).
- Gewächshaus und Frühbeet lüften und schattieren.

Juni

- Gießhilfen erleichtern die Wasserversorgung (z. B. Tontöpfe neben Tomaten in den Boden einsenken).
- Regenwasser sammeln, Brunnen bauen und Schöpfstellen einrichten.
- Nach der Ernte von Salaten, Kohlrabi, Rettichen günstige Folgekulturen wählen.
- Bodenverbesserung mit Kompost vor Neupflanzungen.
- Zucchini möglichst jung ernten, Bohnen regelmäßig durchpflücken.
- Fruchtgemüse vor Regen und kühlem Wetter schützen (Tomaten, Gurken, Paprika etc.).
- Pflanzenschutz mit biologischen Mitteln (z. B. Schneckenzäune einrichten).

- Kräuterjauchen ansetzen (z. B. Schachtelhalmjauche gegen Pilzkrankheiten).
- Kräuter zur Blütezeit ernten.

Juli

- Gießen bei Trockenheit (direkt auf den Boden, Blätter möglichst trocken halten).
- Ernte von Salaten, Möhren, Kohlrabi, Rettich; Fruchtgemüse regelmäßig durchpflücken; überschüssiges Gemüse konservieren.
- Gewächshaus und Frühbeet lüften (evtl. das Seitenfenster ausbauen).
- Anzucht von Folgekulturen unter Glas (Endiviensalat, Blumenkohl etc. für die Herbsternte).
- Tomaten entgeizen und heften.
- Pflanzenschutz mit biologischen Mitteln (z. B. Gemüseschutznetz gegen Kohlweißlinge bei Rettichen und Kohlgemüse).

August

- Gemüseabfälle kompostieren (kranke Pflanzenteile vernichten).
- Ernte konservieren.
- Pflanzung von Endiviensalat, Feldsalat und anderem Herbstgemüse.

- Knoblauch stecken (auch neben Erdbeeren) für Ernte im nächsten Jahr.
- Gute Sorten vormerken (für Anbau im nächsten Jahr).
- Zwiebellaub umknicken und einziehen lassen.

September

- Ernte konservieren und einlagern (Kartoffeln in kühle Erdkeller oder Mieten).
- Wurzelgemüse auf den Beeten lassen oder einschlagen.
- Beete nach der Ernte abräumen, Abfälle kompostieren.
- Freie Beete bearbeiten (Boden lockern oder umgraben).
- Gründünger auf freie Beete säen.
- Hügelbeet anlegen.
- Frostschutz vorbereiten (z. B. Folien für Freilandtomaten).

Oktober

- Falls nötig, Kompoststätte anlegen (neue Silos aufstellen).
- Beete abräumen, Abfälle kompostieren.
- Verrotteten Mist verteilen und einarbeiten (frischen Mist kompostieren).
- Frostschutz für Wintergemüse herrichten (z. B. Folientunnel für Mangold und Endiviensalat).
- Boden lockern und Gründüngerpflanzen einsäen (z. B. Gelbsenf).
- Gewächshaus und Frühbeet an sonnigen Tagen lüften.
- Zichorie ausgraben und vortreiben.
- Hochbeet bauen und Hügelbeet anlegen.

November

- Frostschutz bei Blattgemüse (Spinat, Feldsalat, Mangold etc.).
- Wintergemüse ernten (Rosenkohl, Grünkohl, Porree).
- Boden umgraben für neue Beete.
- Schweren Boden tiefgründig lockern.
- Naturlager anlegen (für Wurzelgemüse).
- Gemüse getrennt vom Obst lagern.
- Gartengeräte reinigen und einräumen.
- Frühbeetfenster streichen.
- Gewächshaus aufräumen und für frühe Aussaaten vorbereiten.

Dezember

- Wintergemüse ernten (Grünkohl, Rosenkohl, Porree).
- Feldsalat, Endiviensalat, Spinat im Gewächshaus ernten.
- Gemüselager kontrollieren.
- Kompost umsetzen.
- Saatgut trocken aufbewahren.
- Planung für das nächste Jahr.
- Gartengeräte pflegen und reparieren (Spaten schärfen, Stiele erneuern etc.).

Material- und Werkzeugliste

Jedes neue Gartenprojekt erfordert eine intensive Planung. Um dabei nicht den Überblick zu verlieren, ist eine Checkliste sehr hilfreich, die im nachfolgenden Beispiel zur Anlage und Pflege eines Gemüsegartens dient. Diese Liste soll eine Anregung sein und lässt sich natürlich für jedes Projekt abwandeln und anwenden.

Checkliste für die Anlage eines Gemüsegartens

Baustoffe (Baumarkt, Gartencenter)	**vorhanden**	**bestellt**	**noch zu besorgen**
Folientunnel	■	■	■
Gewächshaus	■	■	■
Beeteinfassungen	■	■	■
Lattenroste für Wege	■	■	■
Hochbeet aus Holz	■	■	■
Kompostsilos	■	■	■
Stützstäbe	■	■	■
Pflanzen (Gartencenter, Wochenmarkt, Versender)	**vorhanden**	**bestellt**	**noch zu besorgen**
Saatgut, Jungpflanzen	■	■	■
________________ (eigene Wünsche)	■	■	■
Erde, Substrate (Baumarkt, Gartencenter)	**vorhanden**	**bestellt**	**noch zu besorgen**
Kompost	■	■	■
Hornspäne	■	■	■
Aussaaterde	■	■	■
Geräte, Werkzeuge (Baumarkt, Gartencenter)	**vorhanden**	**bestellt**	**noch zu besorgen**
Schubkarre	■	■	■
Schaufel, Spaten, Rechen	■	■	■
Grabgabel	■	■	■
Hacke, Grubber, Sauzahn	■	■	■
Pflanzschnur, Pflanzschaufel	■	■	■
Gartenschere, Gärtnermesser	■	■	■
Gießkanne	■	■	■
Handschuhe	■	■	■

Register

Bildnachweis

Wir bedanken uns bei allen Bildlieferanten, die uns durch die Bereitstellung von Abbildungen freundlicherweise unterstützt haben.

Adlus: 14 o. **fotolia.com:** Shirley Hirst 5; sylwia2007 6, 50; b.neeser 8; Otmar Smit 9; Andrzej Tokarski 16; Martina Berg 22; Scott Leman 25; Eric Isselée 27; L.F.otography 28; Michael Flippo 34; Elena Elisseeva 35; jerome berquez 38; Igor Zhorov 4 M., 41, 57; Martin Chalou 42; DocMcCoy 44; Barbara Pheby 45; mumi 51; miskolin 53; Volkmar Gorke 55; Pavlo Vakhrushev 4 o., 58; anastase 3 M., 59; RRF 62; Jim Mills 64; Carina Hansen 67; Arne Pastoor 68; Swetlana Wall 72; claudio calcagno 73; Herbie 74; Springfield Gallery 75 u.; Howard Sandler 76 u.; Thomas Aumann 77 o.; Tomas Hilger 77 u.; Krause/Blumenstock 78; Tobias Marx 27, 45, 69 (Hintergrundbild). **IZB:** 12. **mauritius images:** 11, 29, 31, 70. **neogard.ch:** 4 u., 36. **pixelio.de:** bernhard_pixler 15; Cornelie Kublun 17; Joujou 18; Rainer-Sturm 20; gabi hamann 23; Kladu 26; S. Hofschlaeger 40; Mario Mensinger 46; Ernst Reisig 60; Kirstin Jungmann 3 u., 63; Helga Gross 65; MAhorn 69; qay 3 o., 71. **Stock.xchng:** Nathalie Dulex 54, Gokhan Okur 56, Christa Richert 66, Jean Scheijen 75 o., Sanja Gjenero 76 o. **Voit, Helga:** 14 u., 21, 24, 32. **Weisl, Bettina:** Schaufel-Symbol 11–30. **WOLF-Garten:** 13.